편하게 만나는 독일 철학

칸트와의
1시간

편하게 만나는 독일 철학

칸트와의
1시간

초판 1쇄 인쇄 2020년 12월 23일
초판 1쇄 발행 2020년 12월 30일
–

지은이 김종엽
펴낸이 이방원
기획위원 원당희
편 집 송원빈·김명희·안효희·정조연·정우경·최선희·조상희
디자인 양혜진·손경화·박혜옥   **영 업** 최성수   **마케팅** 이예희
–

펴낸곳 세창출판사
　　　　신고번호 제300-1990-63호   주소 03735 서울시 서대문구 경기대로 88 냉천빌딩 4층
　　　　전화 723-8660   팩스 720-4579   **이메일** edit@sechangpub.co.kr   **홈페이지** http://www.sechangpub.co.kr
　　　　블로그 blog.naver.com/scpc1992   페이스북 fb.me/Sechangofficial   인스타그램 @sechang_official
–

ISBN 978-89-8411-995-6   02160

이 도서의 국립중앙도서관 출판예정도서목록(CIP)은 서지정보유통지원시스템 홈페이지(http://seoji.nl.go.kr)와
국가자료종합목록 구축시스템(http://kolis-net.nl.go.kr)에서 이용하실 수 있습니다.(CIP제어번호: CIP2020052805)

편하게 만나는
독일 철학

칸트와의
1시간

김종엽 지음

세창출판사

차례

〈일러두기〉

1. 『순수이성비판』의 인용은 표기 관례대로 슈미트^{Raymond Schmitt}판을 따라 초판(1781년)과 재판(1787년)의 쪽수를 각각 A와 B 뒤에 표시하고, 이어 한글 표준판의 쪽수를 적었다.
   예) 슈미트 초판 50쪽/재판 74쪽, 한글 표준판 96쪽
   → A50/B74, 한글판 96

2. 『순수이성비판』의 인용 부분이 두 쪽에 걸쳐 있는 경우, 표기 관례대로 앞 쪽수에 f.를 붙여 적었다.
   예) 인용 부분이 24쪽과 25쪽에 걸쳐 있는 경우
   → 24f.

안녕하세요, 저는 **네르바**입니다.
이제부터 필요할 때 나타나
보충설명을 하거나
도우미 역할을 하려고 합니다.

1장

워 라 밸 의
시   대

서양 근대철학의 거장 칸트Immanuel Kant의 명함에는 〈비판철학〉
이라는 단어가 그림자처럼 따라다니고 있습니다. 〈비판〉이란 대체
어떤 개념일까요? 우리가 상식적으로 알고 있는 그 개념을 칸트도
그대로 사용하고 있는 걸까요? 그것이 아니라면, 어떤 특별
한 내용이 첨가된 걸까요? 지금부터 그 미로의 현장으로
달려가 보겠습니다.

바야흐로 워라밸 ―work and life balance, 일과 삶의 균형
― 의 시대입니다. 워라밸이 공감을 부르는 시대라는 표현이
더 정확한 것인지도 모르겠습니다. 가족과 식사하기, 고양이
간식 주기, 다육식물 물 주기 등 '극단적 소소함'이 그동안 일

상을 지배했던 '위대한 시간'보다 더 큰 행복을 가져올 수 있다는 것, 그래서 소확행 ―소소하지만 확실한 행복― 이 카운터 파트너로 함께 유명세를 치르기도 합니다. 〈은하철도 999〉가 달려가는 미래 안드로메다의 별을 바라보느니 차라리 현실의 소소한 행복이 더 낫다는 실용적 태도가 공감을 얻은 것입니다. 그동안 손에 쥐는 것 없이 그저 남들 눈치나 보며 거창한 꿈을 좇아 허둥댄 세월에 피로가 누적된 탓도 있을 겁니다. 앞선 세대의 상실과 좌절을 일찌감치 체험한 영리한 세대에게, 살아 돌아오면 고향에서 누릴 화려한 삶을 미끼로 오디세우스의 선원이 되라고 유혹할 수 없는 그런 시대로 접어든 것입니다.

하지만 평범한 사람에게 워라밸이 마냥 쉬운 선택지는 아닙니다. 동서고금을 막론하고 돈과 권력을 지닌 소위 '특별한 사람'의 삶의 방식은 자동으로 워라밸입니다. 먹고살기 바쁜 일반인에게는 감히 꿈꾸는 것조차 힘든 미지의 세계였지요. 삶의 균형이나 의미를 찾기보다 빛의 속도로 머리를 굴려 경제적 소외에서 벗어나라고 조언하는 것이 훨씬 현명

할지도 모릅니다.

그래서 경제적 니즈needs의 충족은 워라밸의 기본조건으로 알려져 있습니다. 그런데 부정할 수 없는 현실에도 조금은 저항을 해 보고 싶은 욕망이 생기는군요. 저에게만 이런 불온한 생각이 드는 건가요? 현대인의 특징은 아마도 고정된 운명을 향한 불복종 심리에서 찾을 수 있을 것입니다. 워라밸의 이면에는 이러한 시민의 자발적 불복종 운동과도 연관이 있어 보입니다. 소위 '특별한 사람'에게만 워라밸을 외칠 수 있는 자유가 주어진 것은 아니지요.

사람이 빵으로만 사는 존재가 아니라면, 워라밸은 보편적 행복추구권의 핵심이라고 할 수 있습니다. 워라밸은 생물학적 조건이나 사회적 지위에 의존해서는 안 된다는 의미입니다. 경제적 조건이 워라밸의 필수조건이 될 수 없다는 뜻이기도 합니다. 당연한 말이지만, 종종 자연적 차이에 굴복하여 이 당위적 인권을 포기하는 순간, 우리는 지금까지 '인간적'이라고 불러왔던 소중한 것들마저 포기해야 할지도 모릅니다.

그럼에도 경제적 여유가 워라밸을 용이하게 한다는 사실

은 경험적으로 우리에게 익숙한 현실입니다. 현실이라는 말의 무게를 아는 사람은 고개를 숙이게 됩니다. 달리 말하면, 경제적 궁핍을 겪는 사람에게 워라밸이란 언감생심 여전히 사치품일 수 있다는 말이지요. 그래서 대중의 워라밸 속에는 약간의 개인적 의지가 포함되어 있습니다. 경제적 조건에 굴하지 않고 워라밸을 당당히 외치려면 상당한 정도의 정신적 내공이 필요하고, 경험으로부터 우러나오는 삶의 지혜도 갖춰야 합니다.

여기서 말하는 정신의 힘이라는 것은 무엇을 말하는 걸까요? 얼핏 생존경쟁에서 살아남는 능력으로 번역하기 쉽습니다. 그러나 정신의 힘과 지적인 능력 사이에는 상당한 차이가 존재합니다. 지적인 능력이 인간을 생태계의 군주로 군림할 수 있도록 만들어 준 강력한 무기인 것은 사실입니다. 그러나 그것만으로 인간을 인간적이라고 부르는 것은 아닙니다. 인간적인 것의 본질 속에는 자신의 강점이 행여 치명적약점이 되지는 않는지 다시 한번 검토할 수 있는 이차적 힘이 존재합니다. 그것을 우리는 성찰이라고 부릅니다.

말장난처럼 보이지만, 단적인 예를 들면 이렇습니다. 돈이 충분하다고 하여 곧바로 워라밸이 실현되는 것은 아닙니다. 땅값이 수백 배로 뛰어서 갑자기 졸부가 되었거나 로또 벼락을 맞아 인생역전에 성공한 사람이 도리어 패가망신하는 경우가 종종 있습니다. 로또가 가혹한 운명의 장난으로 되돌아오지 않도록 하기 위해서는 돈을 현명하게 다룰 수 있는 마음의 준비가 되어 있어야겠지요. 넉넉해도 이럴진대 경제적 조건에 매이지 않고 워라밸을 외치려면 자신과 삶을 돌아보는 상당한 정도의 자율성이 있어야 합니다. 이제 본격적으로 칸트에 시선을 돌려 봅시다.

O 삶은 끝없는 투쟁이다

인간이 자연적 조건에 굴복하지 않고, 개인을 자율적 존재로 이해하기 시작한 것은 근대 이후부터입니다. 고대사회가 신화와 종교, 보편적 인간을 대변하는 구조였다면, 르네상스 이후의 근대 유럽은 사회를 조각으로 분절화시키는 개인의 역사를 본격적으로 출발시킵니다. 종교적 인간의 후퇴라기보다, 신앙의 세속화와 내면화가 낳은 역사적 산물입니다.

특히 계몽주의는 인간 정신의 힘을 자양분 삼아 신의 권위에서 개인의 자유와 자율의 시대로 진리의 중심축을 이동시킨 인본주의의 혜성이었습니다. "sapere aude", 칸트가 말한 계몽주의의 모토이며 "과감하게 알려고 시도하라"는 의미입니다. 지금이야 누구에게나 삶의 기본기로 통하는 것일지 몰라도, 칸트가 살았던 시대에는 가히 역성혁명에 가까운 불온한 태도라고 볼 수 있습니다. 시대를 약간만 비껴갔더라면, 종교적 권위에 도전한다는 죄명으로 화형을 당했을지도 모르는 위험한 사고의 원천인 것이지요.

종교의 시대에서 스스로 생각하는 자율적 사고를 주장하려면, 우리가 상상하는 것보다 훨씬 더 큰 위험을 감수해야 합니다. 신의 의지에 따라 살아가는 것을 가장 인간적인 것으로 여기던 권위적 시대의 흐름을 거슬러 올라가려면, 경제적 조건에 굴하지 않고 워라밸을 외치는 것과는 비교할 수 없을 정도의 용기와 의지가 필요했다는 뜻입니다. 경우에 따라, 칼과 맞서야 하는 험한 꼴을 감수해야 하니까요.

이렇게 본다면, 확실히 칸트는 시대를 앞서가는 선구자였습니다. 칸트에게 세계란 사전에 누군가의 설계로 고정된 작품도, 불변하는 진리도 아니었습니다. 신에 의해 창조된 세계를 통째로 부정한 것은 아니었다 하더라도, 개인적 경험으로 이해할 수 없다면 아무리 좋은 가치관도 단순한 강요에 불과하기 때문입니다. 따라서 칸트는 자신의 주저 『순수이성비판』 서문에서 인간과 세계를 이해하기 위한 첫 번째 발걸음을 다음과 같은 질문으로 시작합니다.

· 인간은 무엇을 알 수 있나?

· 인간은 무엇을 해야만 하나?

· 인간은 무엇을 희망해도 좋은가?

칸트는 누구나 자신의 이성을 활용하여 얻어 낸 자각이 있어야만 세계와 자신을 이해할 수 있다고 본 것입니다. 왜 고통과 죽음이 있는지, 죄와 벌은 왜 일치하지 않는지, 전쟁과 평화는 왜 공존해야만 하는지. 그 이유는 학문적으로 다양하게 논의되고 분석될 수 있습니다. 그러나 아무리 훌륭한 답변을 내놓아도 개인이 스스로 이해할 수 없는 것이라면, 아무런 의미가 없을 것입니다. 법전을 통째로 달달 외워서 각종 법학적성시험에 합격했다고 해서 인간성이 농축적으로 함의된 법의 정신을 이해한다고 볼 수는 없겠지요.

우리는 워라밸을 이와 동일한 이치에서 바라볼 수 있습니다. 워라밸이 대중의 시선을 사로잡고 삶의 한 자락으로 인정받을 수 있었던 이유는 대중이 스스로 자신과 세계, 그 관계 맺음에 대해 안목을 갖출 수 있었기 때문이지요. 현대사회가 요구하는 화려한 패키징을 위해 앞뒤 안 가리고 뛰어다니다가 만신창이가 된 후에야 자신의 삶을 돌아보게 된 것입니다.

자신의 방식에 따라 시간을 계획하고 무엇을 실현하려는 의지는 외부의 교육이나 강요로 생기지 않습니다. 학습된 세계는 그저 밖에서 나를 위협하거나, 살아남기 위해 내가 적응해야 하는 외적 대상일 뿐입니다. 싫어하는 일에 아무리 피땀을 흘려 봤자 시간의 주인으로 살기는 어려운 법이지요. 하지만 무엇을 향한 내면의 욕망이 꿈틀거리는 순간, 세계란 우연과 필연이 겹쳐진 하나의 운명으로 다시 태어나게 됩니다. 비록 대단한 삶은 아닐지라도 그것이 나의 것이라면 충분히 유의미하다는 자존감이 자라는 것도 이 순간부터입니다. 행복은 외부로부터 주어지는 것이 아니라 내면에서 자라는 자연의 선물 같은 시간이며, 그 시간이 곧 운명임을 자각할 때, 아모르 파티 ─amor fati(운명을 사랑하라)─ 는 더 이상 난해한 철학 전문용어가 아니게 됩니다.

워라밸은 세계를 이해하는 방식이 과거에 비해 여유로워진 결과로 볼 수 있습니다. 삶이 투쟁인 것은 자연의 이치입니다. 자연의 조화가 투쟁을 배제하는 것은 아니지요. 물론 그 역도 성립할 수 있겠습니다. 어떤 경우가 됐었건 목숨을 건 투쟁에서 웃을 수 있는 사람은 없습니다. 대부분 생명체는 본능처럼 삶이 곧 투쟁이고 투쟁이 곧 삶으로 굳어져 있기에 양자가 구별되지 않는다는 뜻입니다.

그런데 인간의 삶의 방식은 조금은 예외적인 상황이라고 볼 수 있습니다. 우리가 인간적이라고 부르는 것 속에는 인생을 연극으로 바라보려는 심적 여유가 담겨 있습니다. 우리는 이것을 종종 인간적 지혜라고 부르곤 하지요. 칸트가 철학사에 남긴 발자취도 이러한 심적 여유와 무관하지 않습니다. 칸트는 인간과 세계에 대한 전통적 관점들 사이에 나타나는 좌표의 상이성을 검토하고 보편적으로 통용될 수 있는 인식의 기준을 세우려고 합니다.

O 인식의 경계선을 그리는 비판

전통적으로 인간의 인식은 분석판단과 종합판단으로 구성되어 있습니다. 전자는 논리적 명제를 말합니다. [2 + 2 = 4]라는 수학적 명제처럼 술어의 의미가 주어에 이미 포함되어 있기에 칸트의 전문용어로 선험적 판단이라고 불립니다. 문제는 종합적 판단인데요, '비가 오면 팔다리가 쑤신다'와 같은 일상의 경험에 기대고 있기에 술어의 의미가 주어에 포함되지 않는 명제를 말합니다. 일상적 지식의 대부분은 사실 종합명제에 속해 있지요. 결국 인간의 인식이라는 것이 신뢰하기에는 너무도 빈약한 기반에 세워져 있다는 의미입니다.

여기서 칸트의 고민이 시작됩니다. 어떻게 하면 선험적이면서 종합적인 판단이 가능할까요? 즉 그의 인식론적 과제는 선험적 종합판단의 논리적 근거와 체계를 세우는 것으로 초점이 모아집니다. 이것이 그 유명한 칸트의 비판이론입니다.

상식적인 차원에서 비판이란 타인의 잘못을 바로잡는다는 의미를 지니고 있습니다. 전적으로 틀린 말은 아닙니다. 그러나 칸트에게 비판이란 이러한 일상적 의미를 넘어서는 특별한 무엇이 있습니다. 어떠한 생각도 항상 옳거나, 항상 틀릴 수는 없습니다. 상황에 따라 달리 적용될 수 있다는 말입니다. 그래서 칸트는 비판적 사고를 엄밀한 방식으로 사용합니다. 비판이란 일종의 경계를 짓는 행위라는 것입니다. 우리가 알 수 있는 영역과 알 수 없는 영역, 해야만 하는 영역과 해서는 안 되는 영역, 희망해도 좋은 영역과 희망해서는 안 되는 영역 등 인식과 행위, 그리고 판단의 논리적 근거와 체계를 세우는 것이 비판적 사고가 되겠습니다.

만약 경계가 허물어지면 어떻게 될까요? 그리스 로마 신화에 등장하는 신들의 세계를 떠올려 봅시다. 그리스인들의 세계관은 자연을 기하학적으로 해석하는 데 익숙합니다. 신화에 등장하는 모든 신들도 예외는 아닙니다. 그들은 각각 고유한 영역을 통치하며 세계의 조화에 이바지하고 있습니다. 어떤 신이 자신의 영역을 벗어나 타인의 영역을 침범하게 되면, 그때부터 세계는 혼란과 혼돈의 시대로 접어들게 되지요. 이것이 이른바 '신들의 전쟁'입니다.

칸트에게 인간의 인식도 이와 크게 다르지 않습니다. 인간의 인식과 행동, 믿음 속에는 각각 넘어서는 안 되는 경계가 존재한다는 것입니다. 만약 누군가 그 경계를 무시하고 천방지축 날뛰게 된다면, 그때부터 그는 인식능력, 행위의 기준, 판단의 좌표를 잃어버리고 방황하는 거친 운명을 맞게 될 것이라고 칸트는 경고합니다.

칸트의 시간은 사상적으로 제자백가의 절정기에 해당합니다. 이 중 가장 도드라진 학파는 진리의 형이상학, 이성의 합리론, 관찰의 경험론이었습니다. 이들의 사상적 경합이 실제 전쟁상황이었다면, 오직 강한 학파만이 살아남았을 것이고, 칸트도 상황을 예의주시하면서 필요하다면 적과도 손을 잡으며 형제였던 나라와도 등을 돌리는 권모술수의 대가가 되었겠지요.

영웅은 혼란 속에서 태어난다고 했던가요? 칸트의 비판은 자신만의 독특한 길을 개척합니다. 칸트에게 있어서 비판이란 사상적 혼란 속에서 균형 잡힌 통합체계를 구축하려는 의지의 산물입니다. 간단히 말해 보자면, 인식의 주체는

외부 대상을 내면의 선험적 형식인 시간과 공간의 기능을
통해 먼저 기반을 다지고, 그 위에 주체의 선험적 형식인 12
가지 범주를 덧입혀 개념적으로 이해하게 된다는 것입니다.
더 간단히 말하면, 경험과 오성悟性(사고능력)을 가로세로로

칸트의 세계관은 정확하게 전통과 근대의 중간지점에 있습니다. 고
대 그리스 철학은 본질과 현상을 엄격하게 구분하여 본질에게는 진리
를, 현상에게는 가상의 지위를 부여했지요. 이러한 전통은 근대철학에
도 어느 정도 영향을 주고 있습니다. 그러나 칸트는 본질의 세계를 〈물자
체〉*라는 개념으로 인정하면서도 인간의 인식이 미칠 수 있는 영역은 오
로지 현상에 국한되어 있다고 말합니다. 전통의 체면을 세워 주면서 절
묘하게 자기 할 말을 할 수 있도록 교두보를 만든 것이지요. 인간의 인식
은 눈에 보이는 대상이 공간과 시간이라는 주관적 렌즈를 통과하면서
성립하는데, 이때 공간적 범주를 칸트는 12가지로 나누어 설명합니다.

- 분량: 전체성, 다수성, 단일성
- 성질: 실재성, 부정성, 제한성
- 관계: 실체/속성, 원인/결과, 상호작용
- 양상: 가능/불가능, 현존/부재, 필연/우연

엮은 옷이 바로 인간의 인식이라는 것이지요.

칸트의 비판은, 인식이론과 관련해서는 인식의 한계를 논한 것이고, 행위이론과 관련해서는 행위의 옳고 그름의 합리적 좌표를 찾습니다. 워라밸이 행복과 관련하여 삶의 균형을 고려한 것이듯, 칸트는 비판을 통해 우리의 앎과 행동에서 균형을 세웠던 것입니다.

2장

죽어서 이름을
남 긴 사 람

칸트는 누구일까요? 그가 산책하는 모습을 보며 사람들이 시계를 맞췄다는 전설이 내려올 정도로 철저하게 일과표를 지켰던 기계적인 일상, 평생 자신이 태어났던 지역을 벗어나지 않았다는 소박한 일생, 단 한 번의 스캔들도 허용하지 않고 독신으로 일생을 마쳤던 금욕적 태도, 이것이 칸트의 전기에 공통으로 등장하는 단골 레퍼토리입니다. 그런데 왜 칸트는 이토록 별 볼 일 없는 인생의 여정을 애써 선택했던 걸까요? 우리는 그 속에 감춰진 한 인간의 고독과 아픔을 들여다보고자 합니다.

호랑이는 죽어서 가죽을 남기고, 사람은 죽어서 이름을 남긴다는 속담이 있습니다. 요즘이야 멸종위기종으로 분류

되는 귀한 몸이라 호랑이 가죽을 거래하는 일이 국제적 범죄가 되었으므로 함부로 사용해서는 안 될 속담이기는 합니다. 그러나 호랑이만 쏙 빼놓고 보면, 여전히 현실감이 있습니다. 삶의 종착역에 서 있게 되면, 흔히 '세상이 아름다웠다', '후회 없이 살았다', '지  난 시간을 되돌리고 싶다' 등 자신의 삶을 돌아보는 시간을 갖게 됩니다. 이러한 자기 성찰은 삶과 죽음이라는 운명의 열차에 올라타 과거, 현재, 미래를 하나의 의미로 엮어 내는 매우 인간적인 행위를 의미합니다. 아마도 인간은 죽음을 앞당겨 삶의 의미를 생각하는 생태계의 유일한 동물이 아닐까 추측해 봅니다.

　누군가가 우리의 이름을 기억하는 동안만큼 불멸을 얻을 수 있다면, 칸트는 지금까지도 살아서 철학사 한편을 채우고 있었을 것입니다. 어떠한 이유로 철학사를 뒤적이든 칸트의 이름을 발견하지 못하는 사람은 아마도 아마존의 밀림 속 오지보다 더 촘촘한 사상의 미로에 갇혀 방황하는 중일 것입니다. 대체 무엇이 칸트의 이름을 후대에 이토록 길이 남도록 만들었을까요?

　이곳에서 거창한 이유를 기대한 독자는 실망할지도 모르겠습니다. 반드시 대단한 이유가 있어야만 이름을 남길 수 있는 것은 아니랍니다. 칸트가 시대를 동반했던 숱한 다른 사상가들과의 경쟁에서 한판승을 거둘 수 있었던 요인은 그의 긴 수명과 관련이 있습니다. 당시 평균수명이 사십대 중반에 그쳤다는 사실을 고려한다면, 81세의 나이로 세상을 떠난 칸트는 거의 2명분에 해당하는 시간을 건뎌 낸 것입니다.

　사실 유한한 인간에게 시간만큼 유리한 조건은 없습니다. 시대의 난제를 고민하고 해결하는 과제에서 시간적 유리함은 더욱 위력을 발휘했을 것입니다. 남과 다른 것이라면, 무스펙도 스펙이 되는 시대이니 자기소개서에 넣을 만하다고 생각할 수도 있겠습니다. 그러나 사상가에게 장수長壽는 결코 사소한 사건이 아닙니다. 크게 보면 인생이라는 것도 결국 시간 싸움이니 오래 살아남는다는 것이 큰 경쟁력임은 분명하여 보입니다. 물론 오래 살아남는다고 모두가 칸트가 될 수는 없겠지요.

○ 칸트, 대기만성의 드라마

칸트는 1724년 당시 동프로이센에 속했던 쾨니히스베르크라는 작은 도시에서 태어났습니다. 소위 말하는 금수저 출신은 아닙니다. 그렇다고 건강한 신체적 유전자를 물려받은 것도 아니었습니다. 오히려 그 반대였지요. 평균적 외모에 훨씬 못 미치는 어정쩡한 모습이 안쓰러워 칸트의 어머니는 일찍부터 아들의 옷 어깨선에 솜을 넣어서, 조금이라도 커보이도록 신경을 써야만 했으니까요. 선천적인 저질 체력은 평생 그를 괴롭히는 가시와도 같았습니다. 수면 시 빠져나갈지도 모르는 생명의 기를 막기 위해 깊이 모자를 눌러써야 했으며, 소식은 기본이었고 고기를 소화할 수 없어서 단물만 쏙 빼 먹고 덩어리를 뱉어 내는 비사교성까지 감수해야만 했습니다. 그에게 미혼이란 아마 강요된 선택지였을 것으로 보입니다.

하지만 자연선택이 반드시 약자를 버리고 강자를 선택하는 비정함은 아니랍니다. 자연선택과 약육강식은 엄연히 다른 개념입니다. 어쩌면 자연선택이란 "하늘은 스스로 돕는 자를 돕는다"라는 속담과 맥을 같이 하는지도 모릅니다. 선천적 열세가 얼마든지 노력으로 극복될 수 있으며, 하늘도 그 노력에 경의를 표한다는 사실을 우리는 칸트를 통해 배웁니다. 칸트의 약점이 곧 그의 최대 강점으로 전환되기 때문입니다. 고통스러운 신체적 가시를 자신을 단련시키려는 하늘의 배려로 여기고 성실의 끝판왕으로 자기 변신에 성공한 것이지요. 열악한 환경이 우리가 알고 있는 바로 그 위대한 칸트를 낳았던 셈입니다.

칸트의 부모는 자식에게 물질적 자산을 남겨 주지는 못했지만, 정신적으로는 범상치 않은 유산을 물려줍니다.

"너 자신에 있어서나 다른 사람에 있어서나
반드시 인격을 목적으로 대할 것이지 결코
수단으로 대하지 말라."

칸트 윤리학의 핵심 명제입니다. 인간을 어떻게 대해야 하는지 한 치의 흔들림이 없는 신앙을 심어 준 사람이 바로 부모였던 것이지요. 그러나 열 살을 조금 넘겨서 칸트는 어머니를 잃었으며, 스물

두 살 때는 아버지마저 세상을 떠나게 됩니다. 약관을 갓 넘은 나이에 대학을 졸업했지만, 오랫동안 경제적인 어려움이 칸트를 괴롭힌 이유입니다.

그 후 칸트는 주로 부유한 귀족의 가정교사로 들어가 생계를 꾸리게 되는데 학문에 대한 열정만큼은 남달랐던 것으로 보입니다. 독일 전역을 통틀어 고학력자라곤 몇 안 되던 시절이었을 텐데 칸트는 자신의 처지나 경제적 어려움에 굴복하지 않았습니다. 학자로서의 삶 대부분을 사私강사의 신분으로 보내면서도 그는 세계와 인간에 관한 탐구의 끈을 놓지 않았습니다.

칸트는 무리하지 않고 자신의 때를 기다리고 또 기다렸습니다. 훗날 칸트는 한 주 15시간에 육박한 강의 일정으로부터 오는 부담에 눌려 제대로 된 글 하나 쓸 수 없었다고 회고합니다. 오늘날의 기준으로 보면 별거 아니라고 생각할 수 있겠지만 삶의 무게라는 것은 매우 상대적인 개념입니다. 칸트의 약한 몸이 일반인의 평범한 일상을 감당하기에 버거웠을 것이라는 의미입니다.

오랜 기다림 끝에 칸트에게도 마침내 자신의 시대가 찾아

옵니다. 불혹을 훌쩍 넘긴 나이에도 불구하고 칸트는 자신이 수학했던 학교에서 논리학과 형이상학을 가르치는 정교수로 부름을 받습니다. 안정적인 경제적 기반이 마련되자 이제 겨드랑이에 감춰 두었던 날개를 펴고 화려하게 비상하기 시작합니다. 자신의 시대까지 축적된 지식을 종합하여 재정의하고 새로운 사고의 길을 선보인 것입니다. 그 결과물이 고전 중의 고전, 명저 중의 명저로 꼽히는 『순수이성비판Kritik der reinen Vernunft』(1781)입니다.

요즘 평균수명으로 보면, 전원생활이다 뭐다 하면서 인생의 이모작을 꿈꿀 시기에 칸트는 본격적으로 자신의 시대, 비판의 시대를 개척한 셈입니다. 첫 단추가 성공적으로 꿰어지자 이제 자신감을 얻었던 것일까요? 연이어 칸트는 『실천이성비판Kritik der praktischen Vernunft』(1788)을 내놓으며 연타석 홈런에 성공합니다. 비판의 지평을 인식의 영역에서 실천의 영역으로 확대한 역작입니다. 그런데 이게 웬일입니까? 그것이 끝이 아니었습니다. 인간의 앎과 실천 사이의 원활한 소통과 상생을 위해 숨 가쁘게 달려온 지난 시간을 돌아보며, 칸트는 자연의 합목적성을 생각합니다. 안다는 것과 행한다는 것이 결국 자연의 합리적 목적에 대한 미적 경외심에서 비롯되었다는 노년기의 통찰을 글로 풀어낸 것입니다. 이것이 『판단력비판Kritik der Urteilskraft』(1790)입니다. 이렇게 하여 칸트의 이름에 함께 새겨져 있는 3대 비판서가 완성됩니다.

"천재는 노력하는 사람을 이길 수 없고, 노력하는 사람은 즐기는 사람을 이길 수 없다"는 롤프 메르클레Rolf Merkle의 말은 칸트에게도 적합한 표현입니다. 범인凡人에도 미치지 못하는 선천적 결함에도 불구하고 한 시대를 주름잡았던 그의 시간 여정은, 멈출 때와 가야 할 때, 아는 것과 행하는 것 사이의 균형을 잡으려고 노력하며, 또한 그렇게 살았던 한 인간의 서사적 이야기였던 것입니다. 1840년 2월 12일 밤, "괜찮았다es ist gut!"라는 마지막 자족自足의 여운을 남기며 한 인물이 남긴 대서사시는 그 막을 내리게 됩니다.

3장

이성, 이카로스의
날 개 일 까 ?

『순수이성비판』은 칸트가 1781년에 초판을 출간하고, 1787년에 2판
을 출간한 책으로, 철학사에서 영향력 있는 저서 중 하나입니다. 칸트
를 진흙 속 진주처럼 세상에 드러나게 만들어 준 기념비적인
저서였던 셈입니다. 대체 어떤 내용이 들어 있길래 이
러한 마법을 부렸던 걸까요? 이제부터 그 신비의 세계
로 들어가 보겠습니다.

이제부터 『순수이성비판』 속에 어떠한 내용이 들어 있는
지 본격적으로 탐구해 보겠습니다. 도대체 어떤 흥미로운 아
이템이 그 속에 담겨 있길래 시골구석 무명 학자를 일약 근

대 인본주의의 화려한 스타로 데뷔하게 만든 것일까요?

○ 이성이 걸어온 길

서양의 근대라고 하면, 인간 중심적 사고의 낭만이라 하겠습니다. 그러나 좁혀서 생각해 보면, 근대의 꽃은 뭐니 뭐니 해도 사상과 표현의 자유입니다. 신을 신앙하는 종교에서 인간을 중심으로 여기는 인본주의로, 죽음 이후를 생각하는 내세주의에서 현실을 중시하는 현세주의로, 절제를 덕목으로 여기는 금욕주의에서 개인의 행복을 추구하는 자연주의로 급격하게 삶의 무게중심이 이동하는 전환기였던 것입니다.

개별적으로 보면, 진정한 앎을 대상으로 다루는 인식론의 영역도 예외가 될 수는 없었습니다. 근대 이전까지 전통 인식론의 특징은 이성에서 풍기는 압도적인 권력에서 찾아야 할 것입니다. 이성은 엄밀한 이치를 따지거나 논리적으로 타당한 근거를 들어 설득하는 이미지를 가지고 있기에 합리적이고 객관적인 인상을 지니고 있습니다. 그러나 현미경으로 들여다본 이성의 역사는 무시무시한 칼의 얼굴을 숨기고 있답니다. 사회질서를 유지하기 위해 권력을 이용하거나 기존의 가치관을 옹호하기 위해 배제와 낙인의 수단을 활용하는 것은 이성의 일상입니다. 종종 다수의 뒤에 숨어 위력을 행사하기에, 한때 유럽을 공포의 도가니로 몰아넣었던 마녀사냥의 잔인함도 이성의 역사에서 빼놓을 수 없습니다.

대항해시대大航海時代에 호기심 많은 유럽의 군주와 탐험가들이 아메리카 대륙을 나다니며 원주민을 학살한 것도 이성의 힘 때문에 가능한 일이었습니다. 인간의 얼굴을 하고 있으면서 이성이 결핍된 것처럼 보이는 원주민들은 유럽인들에게 마치 악마의 자식같이 비쳤을 것입니다.

문득 이성의 역사에서 너무 부정적인 얼굴만을 찾은 건 아닌지 염려가 되는군요. 당연히 이성은 '인간적인 것'의 핵심을 구성하는 데도 관여하고 있습니다. 자신의 한계를 뛰어넘은 거대한 힘과 자연을 개발하거나 초자연적인 현상을 이해하는 힘, 신의 목소리를 들을 수 있는 능력 등 어지간히 허풍센 무협지에서나 보았을 듯한 표현들이 이성의 역사에는 수 없이 등장합니다. 사실 어떤 의미에서 이성의 능력과 견줄 만한 것은 신과 자연에 의해 예외적으로 등장하는 초자연적 '기적' 정도가 아닐까 싶습니다. ●

서양의 근대는 과거와의 본격적인 별거가 시작되는 시기입니다. '살아 보니 이건 아닌데'라는 의구심이 아마도 미래로 향하는 이별 여행을 꿈꾸게 했을지도 모르겠습니다. 공포나 조장하며 숭배를 강요했던 거대한 교본이, 실제로는 오즈의 마법사처럼 그저 사기극에 불과할지도 모른다는 회의가 꿈틀대기 시작한 것이지요. 경험이 얼마나 풍부하냐에 따라 자연을 얼마든지 변형하고 활용할 수 있다는 확신을 얻게 되면서 바야흐로 경험적 직관이 이성의 권위에 본격적으로 도전장을 던지게 됩니다.

그렇다고 이성의 철옹성이 단번에 무너진 것은 아니고, 그럴 수도 없었습니다. 아무리 많은 경험이 축적되어도 이성을 바탕으로 연마된 수학의 원리가 없다면, 말짱 도루묵이기 때문입니다. 사실 이성의 긍정적 모습은 수학의 원리에서 드러

납니다. 이성을 바탕으로 한 수학적 사고방식은 근대를 산업 혁명의 시대로 인도하는 기관차의 역할을 하게 됩니다. 맹목적 믿음을 거부하고 오직 수학의 엄밀함에 기초를 두면서, 경험으로 증명된 사고만을 의미 있는 지식으로 선언한 근대의 사유는 인간 중심적 사고의 권리를 찾는 대장정이라고 보면 되겠습니다. 수학적 사고는 모든 자연적 대상을 계산 가능한 것으로 환원시키고, 경험은 지속해서 무엇이 중요한지를 물으며 자연에 관한 이해의 폭을 넓혀 가게 됩니다.

조화와 질서를 상징하는 이성과 변화를 포용하는 경험이 환상적인 궁합을 자랑하기까지는 적지 않은 갈등과 다툼이 있었습니다. 이성은 계산의 달인답게 모든 것을 증명된 원리로부터 추론하기 때문에 보수적이고 안정적인 투자성향을 가지고 있습니다. 일목요연한 해석과 반박할 수 없는 일관된 논증을 제시하면서 발생 가능한 리스크를 줄이는 데 탁월한 능력을 선보입니다.

하지만 이성은 시간의 변화와 자연의 변덕 앞에서 늘 당황할 수밖에 없는 운명을 타고났습니다. 이성적인 사람을 보면 늘 뻣뻣한 자세가 떠오릅니다. 기존의 관점을 강압적인 방식으로 주입하거나 새롭게 발견된 사실을 기존의 프레임 속에 끼워 맞춰야 변화 앞에서도 자신의 권위를 내세울 수 있기 때문입니다. 배신과 음모, 권력투쟁이 너울대는 전환기에 이성이 잔인무도한 권력의 화신으로 등장하는 이유가 여기에 있습니다. 유토피아를 꿈꾸다 역으로 디스토피아에 빠져 버린 이성의 딜레마를 지적하려는 것입니다.

이성이 꿈꿨던 유토피아의 세계는 이카로스의 날개와 닮았는지도 모릅니다. 바다와 태양 사이를 날아야 한다는 아버지의 충고를 잊고 더 높이, 더 멀리 날아가고 싶었던 이카로스의 날개는 인간과 이성의 덧없는 욕망을 떠오르게 합니다.

○ 이성의 한계를 경험으로 채우다

한편 이성의 독단에 지쳐 민심이 돌아설 때쯤, 경험적 직관이 세간의 시선을 사로잡는 데 성공합니다. 변덕이 죽 끓듯 하였기에 진리의 훼방꾼 정도로만 여겨져 왔던 주관적 체험과 직관이 본격적으로 세계를 이해

하는 중요한 수단으로 인정받기 시작한 것입니다. 이성의 주장처럼 세계는 고정불변하는 신의 교본이 아니라, 아는 만큼 넓어지고 탐구하는 만큼 깊어지는, 살아 있는 대상이라는 것입니다. 그래서 경험론자들은 주관적 체험을 통해 세계를 열어야 한다고 주장하게 됩니다. 자연의 이치에 대해 더 많은 것을 경험하면 할수록 조작 가능성을 높일 수 있고, 그로부터 우리는 더 많은 이로움을 얻어 낼 수 있다는 것입니다.

이성과 경험이 경합을 벌이며 서로 엎치락뒤치락하는 사이 칸트의 『순수이성비판』은 자신이 꿈을 키워 나갑니다. 이성과 경험의 역사적 대결에서 『순수이성비판』은 어떤 임무를 수행한 걸까요? 이 질문에 답을 함으로써 우리는 칸트가 누구였으며, 어떤 방식으로 근대철학을 평정하게 되었는지 이해할 수 있습니다. 칸트는 이성과 경험이라는 세기의 대결에서 과연 누구에게 판돈을 걸었을까요? 살아 있는 권력에 기대어 안정된 삶을 도모했을까요? 아니면 새로운 시대의 물결에 과감하게 몸을 맡겨 미래의 가능성에 힘을 실었을까요?

여기서 칸트는 무리한 모험을 하지 않습니다. 두 갈림길

앞에서 한쪽을 택하는 강수를 두기보다 이성과 경험 양쪽에
한 발씩 걸치며 조심스러운 행보를 이어 갑니다. 타고난 신
체적 결함을 남다른 생활의 균형감각을 통해 극복하였듯, 사
상적 갈등의 국면에서도 그는 절묘한 균형의 묘妙를 발휘합
니다. 이성으로부터는 경험을 통해 얻을 수 없는 인식의 형
식을 빌리고, 경험으로부터는 형식으로 채울 수 없는 인식의
내용을 취한 것입니다.

칸트는 합리적 이성과 주관적 경험을 각각 주군으로 모시
고 있는 합리주의와 경험주의 양 진영을 모두 비판합니다.
"내용 없는 사상은 공허하고 개념 없는 직관은 맹목이다"라
는 구호는 칸트의 비판철학을 단적으로 표현하고 있습니다.
'내용'은 주관적 체험으로부터 오는 대상에 대한 지각을 의미
하는 것이고, '개념'이란 사방으로 흩어지는 지각의 조각들을
서로 연결하여 하나의 틀 속에 가두는 구심점을 뜻합니다.
이른바 선험적 종합판단의 성립 가능성을 타진한 것이지요.
좀 더 쉽게 설명해 봅시다.

인식의 내용과 형식이 무 자르듯이 구별될 수 있는 것인지
는 알 수 없습니다. 그러나 칸트에 따르면, 우리는 주관적 경

험으로부터 인식의 내용을 얻어야 합니다. 감각기관을 통해 받아들여진 대상에 대한 다양한 인상들이, 어떤 식으로든 인식의 내용을 결정할 수밖에 없다는 말입니다. 물론 내용이 있다고 해서 곧바로 인식이 성립하는 것은 아닙니다. 감각기관에 의해 받아들여진 다양한 인상을 일정한 틀 속에서 경계 지을 수 있어야 비로소 인식이 성립될 수 있지요. 신문에 등장한 최근의 기사를 인용해 봅시다.

> 20일 강릉시에 따르면 지난 7월 5일 개장해 이달 18일 폐장한 강릉지역 19개 해수욕장을 찾은 피서객은 610만 8천 26명으로 지난해 663만 229명보다 7.9%(52만 2천 203명) 줄어든 것으로 파악됐다. 시는 피서 기간 비가 자주 내린 데다 태풍이 북상하는 등 기상이 악화한 것이 피서객 감소로 이어진 것으로 보고 있다. 여기에다 워터파크와 캠핑의 활성화, 호캉스(호텔+바캉스) 증가 등 여름휴가 패턴 변화 등도 방문객 감소에 영향을 미쳤을 것으로 분석했다.
>
> (연합뉴스, 2019.08.20.)

위의 기사는 2019년 강릉 해변을 찾은 피서객의 수가 감소한 현상을 분석하여 그 원인을 파악한 기사입니다. 얼핏 단순한 사실을 있는 그대로 묘사한 것처럼 보이지만, 주관적 체험과 이성의 개념이 절묘하게 결합하여 만들어 낸 인식의 한 형태라고 볼 수 있습니다. 관광객 감소, 우기, 태풍, 휴가 패턴의 변화 등 다양한 경험적 사실을 연결하기 위해 인과의 법칙이라는 이성의 범주를 사용했기 때문입니다. 칸트는 경험의 내용과 이성의 형식을 인식의 두 축으로 삼아 선험적 종합판단이 어떻게 가능한지를 증명하려고 했던 것입니다.

칸트는 경험과 이성의 고유한 영역을 잘 분류하여 이리 피하고 저리 합치며 자신만의 독특한 비판적 인식이론을 완성합니다. 거의 1,000쪽에 육박하는 분량의 『순수이성비판』은 이성과 경험이 어떻게 인식의 가능성에 이바지할 수 있는지를 엄밀한 방식으로 추적하고 있습니다. 경험적 직관이 세계를 넓힐 수 있다는 새로운 통찰을 받아들이면서도 감각적 인상들에 체계적으로 울타리를 만들어 가두는 주관의 범주적 능력을 보호한 것입니다. 워낙 중요한 사항이니 칸트의 언어로 직접 들어 봅시다.

우리의 인식은 심성의 두 기본 원천에서 발생한다. 하나의
원천은 표상을 받아들이는 능력(인상의 수용성)이다. 또 하
나의 원천은 이런 표상을 통해서 상을 인식
하는 능력(개념의 자발성)이다. 전자에 의
해서 상이 우리에게 주어지고, 후자에
의해서 (심성의 규정으로서의) 상의 표상
에 관계해서 생각(思考)된다. 그러므로
직관과 개념은 우리의 전(全) 인식의 지
반이다.

— A50/B74, 한글판 96

이성의 독단론과 경험의 회의론을 모두 피했다는 점에서
칸트의 비판이론은 매력적입니다. 그러나 비판이론은 정작
다른 곳에서 그 위력을 더합니다. 단순히 종합을 『순수이성
비판』의 최종 결론이라고 한다면, 그리 대단해 보이지 않을
수도 있겠습니다. 그저 양비론 혹은 양 극단의 중간지점에
머무는 이론에 불과하기 때문입니다. 칸트의 종합적 선택 속
에는 중립성을 넘어서는 무언가가 있습니다. 경험의 직관은

도전자의 입장이기에 얻어 낸 것이 많습니다. 그런데 그동안 기득권을 쥐고 있었던 이성의 처지에서는 다소 치명적인 손상이 가해진 것도 사실입니다. 잃어버린 것이 많다는 의미입니다. 이 부분은 칸트철학을 이해하는 데 매우 중요합니다.

4장

나아가야 할 때와
멈춰야 할 때

서양철학의 역사에서 가장 큰 지분을 차지하고 있는 분과는 당연히 〈형이상학〉입니다. 형이상학은 세계의 궁극적 근거를 탐구하는 학문으로써 현상을 넘어 그 이면에 숨어 있는 본질적인 것과 존재의 근본 원리를 탐구하려는 시도입니다. 『순수이성비판』의 위대함은 이 막강한 전통과 역사를 자랑하는 형이상학의 권위에 도전장을 던진 것입니다. 보통의 경우라면, 1라운드도 버티지 못하고 KO패가 예상되지만, 이 세기의 도전자는 뭔가 달랐습니다. 체구만 보고 방심했다가 결국 챔피언이 망신을 당하고 마는 결과를 초래했으니까요. 그 스펙터클한 현장으로 들어가 봅시다.

'인생은 가까이서 보면 비극이고, 멀리서 보면 희극'이라는 말이 있습니다. 20세기 희극의 새로운 범주를 연출한 찰

리 채플린Charles Chaplin의 인생관이라고 합니다. 비극과 희극의 교차로에 서서 잠시 인생을 사방에서 조망하는 일은 아무나 할 수 있는 일이 아닙니다. 가장 기쁜 순간에 슬퍼할 수 있고, 가장 슬픈 순간에도 웃을 수 있는 것은 인생을 책이 아닌 시간으로 배운 사람만이 쓸 수 있는 고백록입니다. 이는 곧 자신이 무엇을 알고 있으며, 무엇을 알 수 없는지 그 경계선에 서서 삶을 조망할 수 있는 능력이기도 합니다.

경계를 아는 사람은 적당한 선에서 멈추는 법도 알고 있습니다. 날아야 할 때를 알지만 욕망의 노예가 되지는 않습니다. 너무 높이 비상하려다 태양의 열기에 날개를 지탱하는 밀랍이 녹아 바다에 떨어지고 말았던 이카로스의 교훈을 알기 때문입니다. 그러하기에 더 멀리 날고 싶다는 헛된 욕망에 사로잡혀 힘에 부친 날개가 바닷물에 닿을 때까지 날갯짓하는 어리석음을 범하지도 않습니다. 한계선을 넘어서지 않기에 굳이 무리하지 않으며, 자신에게 어울리는 적정선에서 삶의 균형을 찾을 수 있는 것입니다. 이 균형감각을 유지하는 일이 전통철학에는 늘 아킬레스건이었습니다.

O 보이는 것과 보이지 않는 것

전통적으로 철학은 진리가 있느냐 없느냐, 그리고 있다면 그것이 무엇이냐를 두고 형이상학적 논쟁을 거듭해 온 사생 결단의 역사라고 볼 수 있습니다. 진리라는 것은 보이는 세계에 국한될 수 없습니다. 심지어 철학깨나 한다는 사람들은 보이지 않는 것이 더 본질적이라는 믿음을 공유했습니다. 아마도 눈에 보이는 현상이 너무나 변화무쌍하고 변덕스러웠기 때문에 영원히 불변하는, 보이지 않는 피안의 세계에서 진리를 구하려고 했는지도 모릅니다. 심오한 깊이는 아무래도 누구에게나 보일 수 없을 것 같기 때문입니다.

우연의 일치일까요? 지금도 철학의 중요한 주제들은 대체로 눈에 보이지 않는 것들입니다. 신은 정말 있을까요? 자유의 본질은 무엇인가요? 정의로운 세상은 어떤 모습을 갖춰야하는 걸까요? 죽음 뒤에 불멸하는 영혼이 존재하는 걸까요? 이와 같은 질문들은 단순히 경험으로 해결될 수 없습니다.

심오한 개념과 이론이 등장하여 세계의 다양한 현상을 정리하고 정돈해 줘야 비로소 고개를 끄덕일 수 있는 난제들이니까요.

사실 눈에 보이지 않는 이념의 세계를 넘나들면서 인간의 역사는 단순한 생존을 넘어 본격적으로 인륜성의 세계로 넘어갑니다. 우리가 인간적이라고 부르는 모든 것들은 사실 자연적인 보존본능과는 직접 관련이 없는 인격적인 너무나 인격적인 주제들이 대부분입니다. 이상적 사회를 꿈꿨던 플라톤의 『국가』, 토머스 모어의 『유토피아』, 카를 마르크스의 『자본론』 등은 삶이 가진 원시적 본능의 세계를 비판하는 이념의 전형적인 사례라고 볼 수 있습니다. 삶의 이전과 이후를 거론하며 인간은 이념이라는 관념의 세계에 의존하려는 경향성을 가지고 있는 것입니다.

문제는 관념의 세계가 세상에 뿌려 놓은 부작용에 있습니다. 칸트는 사상의 세계를 온통 혼란의 도가니로 몰아넣었던 배후 세력을 눈에 보이지 않는 진리에 대한 집착에서 찾습니다. 진리를 향한 갈망이 집착을 낳고, 그 욕망이 커져 걷잡을 수 없는 수렁으로 빠져들 때 철학의 세계는 넘지 말아야 할 선을 넘었다는 것입니다. 이때부터 이념은 폭력적으로 변하고 원한을 품게 되었으며, 심지어는 파괴의 화신인 타노스 Thanos의 모습을 띠게 되었다는 겁니다.

인간의 인식은 현상을 넘어서는 안 된다는 것이 칸트가 그어 놓은 마지노선입니다. 우리가 가지고 있는 모든 인식의 내용은 현상의 세계를 벗어날 수 없기 때문입니다. 그런데 전통 형이상학은 보이는 것과 보이지 않는 세계의 경계선을 의도적으로 넘나들며 인식의 세계에서 지켜야 할 불문율을 어겼다는 것이지요.

초월적 신은 과연 존재할까요? 칸트는 긍정도 부정도 하지 않습니다. 왜냐하면, 인간에게는 그 질문에 대답할 수 있는 어떠한 인식적 기반도 존재하지 않기 때문입니다. 그럼 신의 존재는 상상의 산물인 것일까요? 그렇지 않습니다. 칸트에게 신의 존재는 앎의 영역에서 다룰 수 없는 믿음의 대상일 뿐입니다. 인식의 영역만큼이나 믿음의 영역도 인간적인 것이기에 칸트는 각각의 영역과 그 주권자를 분명히 하려는 것입니다.

우리의 행위는 자유의지의 결과일까요? 이 질문도 동일한 맥락에서 고찰될 수 있습니다. 우리에게 자유가 있는 것일까요? 아니면 그저 자연의 법칙에 따라 움직이면서 자유롭다고 착각하며 사는 것일까요? 이 질문 역시 칸트에게는 답이 없습니다. 처음부터 자유는 눈에 보이는 사물이 아니기 때문입니다. 전통 형이상학이 집착했던 본질의 세계는 인식될 수 없는 미지의 영역으로 남게 됩니다.

이에 시공은 모든(외적 또 내적) 경험의 필연적 조건으로서, 우리의 모든 직관의 순 주관적 조건이라는 것, 이 조건과 상관해서 모든 대상은 한갓 현상일 뿐이요, 대상 자신은 이러한 방식에서 주어진 사물이 아니라는 것, 그러므로 현상의 형식에 관해서는 많은 선천적(선험적) 주장을 할 수 있으나 현상의 근저에 있겠다는 '물자체 그것'에 관해서는 사소한 주장도 할 수 없다는 것 등등은 의심할 여지 없이 확실하고, 단지 가능한 것도 아니요 또 그럴싸한 것도 아니다.

— A48f /B66, 한글판 92

칸트는 눈에 보이지 않는 세계를 폐기하려는 것처럼 보입니다. 『순수이성비판』만 보면 정말 그런 것 같습니다. 그러나 그의 다음 행보를 지켜보고 있으면 생각이 복잡해집니다. 칸트도 전통철학에 한발을 딛고 있기 때문에 보수에 속하는 인물입니다. 칸트는 철학의 역사를 통째로 부정하면서까지 자신의 것을 고집할 정도로 불굴의 의지를 발휘할 인물도 아닙니다. 그럼 그는 대체 인식의 한계를 눈에 보이는 세계에 묶어 놓고 무엇을 얻으려고 한 것일까요?

일차적으로 칸트의 균형감각은 분쟁에 대한 그의 '거리 두기'에서 비롯된 것입니다. 누구나 믿음을 가지고 살아갑니다. 시간적 혹은 심적 여유만 있다면 눈에 보이는 것은 대부분 교정이 가능한 것이어서 대체로 믿음이란 눈에 보이지 않는 영역에서 형성되기 마련입니다.

그런데 문제는 이 믿음이라는 것이 인간의 생각과 행동에 막강한 영향력을 행사한다는 점에 있습니다. 의식과 무의식의 관계를 서로 비교해 보면, 안다는 것과 믿는다는 것이 어떠한 관계를 맺고 있는지 쉽게 유추할 수 있을 것입니다. 겉으로 보기에 우리 행위의 대부분을 의식이 결정하는 것처럼 보입니다. 그런데 수면 아래 숨어서 의식을 조종하는 보이지 않는 권력이 무의식이라는 사실을 오늘날 우리는 익히 알고 있습니다. 무의식은 그 전모를 드러내지 않지만, 우리 눈에 보이는 그 어떠한 의식의 세계보다 더 강력하게 우리의 행동을 지배할 수 있습니다.

이렇게 놓고 보면, 우리의 행동은 자유의지의 결정이 아닐지도 모릅니다. 내가 알고 있는 나보다 더 강력하게 나를 움직이는 또 다른 나에 의해 모든 행동이 결정되는 거라면, 행동은 자유로운 선택의 결과라기보다 순서에 따라 움직이는 기계적 몸짓일지도 모른다는 의미입니다. 인식의 영역으로 옮겨 놓으면, 믿음이라는 것이 마치 무의식과도 같습니다. 우리 행동이 더 과감하고 더 강력하다고 해서 그것이 눈에 보이는 의식의 세계에서 비롯되었다고 보기는 어렵습니다. 돌다리도 두들겨 보고 건너는 것이 인지상정입니다. 되도록 많이 알고 가능한 한 조심스럽게 살아야 사고 위험을 줄여서 생존 가능성을 높일 수 있겠지요. 하지만 아는 것이 정말 막강한 위력을 발휘하는 경우란 한 치의 망설임 없이 그것을 행동으로 옮길 때일 것입니다.

○ 이성과 믿음은 각자의 영역이 있다

믿음이라는 것이 워낙 강력하고, 세계를 변화시키는 원동력이 될 수 있다는 진단까지는 그럭저럭 봐 줄 만합니다. 그런데 믿음이 권력의 화신이 되어 다른 선택의 여지를 허락하지 않는다는 사실은 우리에게 새로운 고민거리를 안겨 줍니다. 더욱이 믿음과 믿음이 충돌할 때는 답도 없습니다. 갈등과 분쟁, 잔인한 전쟁이 대부분 종교적 믿음에서 유래한다는 사실을 상기해 보면, 사태는 더욱 분명해집니다.

혹자는 상대방의 다른 세계관을 이해하고 서로 존중하면서 공존하면 되지 않겠느냐고 해결책을 제시할지도 모르겠습니다. 하지만 말이야 쉬운 법입니다. 그렇게 쉽게 말할 수 있는 이유는 역사와 현실에 대해 깊이 있게 공부해 본 적이 없기 때문입니다. 어쩌면 자신의 믿음을 과소평가하고 있는 탓일 수도 있습니다. 정작 그렇게 말하는 본인도 실제로는 다르게 행동할지 모릅니다.

굳건한 믿음을 가지고 행동하는 사람이 내면에 다른 믿음을 허용하는 일은 일종의 자기 배신이 됩니다. 스스로 이율배반과 견딜 수 없는 내적 갈등에 빠지게 되는 것이지요. 물론 이러한 내적 분열이 무조건 부정적인 것만은 아닙니다. 말이 나왔으니 말인데, 인간과 동물의 다른 점이 바로 이러한 내적 분열에 있습니다. 오직 인간만이 내적 분열을 일으킬 수 있으며, 그 분열에 고통스러워하는 것입니다. 우리는 그 중심부에서 열심히 일하는 정체성의 구심점을 양심이라고 부릅니다. 그래서 우리는 자신의 행동을 직관적이든 체계적이든 이론을 통해 정당화하는 내면화의 과정을 거치게 됩니다.

자책감에 빠져 가슴을 치지 않기 위해 인간은 자신의 믿음에 예외를 허용하지 않습니다. 즉 종교는 본질상 상대방의 존재를 부정하는 잔인한 전쟁을 낳을 수밖에 없는 슬픈 운명을 타고난 것입니다. 슬픈 운명이 되어 버린 종교가 자신의 영향력을 강화하면 할수록 그에 순응하는 인간은 단일대오로 일사불란하게 움직일 수밖에 없습니다. 인간에 대한 지고한 사랑과 잔인한 폭력은 종교가 지닌 양면입니다. 인간의 타고난 본성이 선하다거나 악해서가 아니라 그의 믿음이 그를 때로는 용감한 전사로, 때로는 잔인한 폭군으로 변신시키는 것입니다.

인격적 믿음을 통해 인간이 동물의 삶으로부터 스스로 벗어난 것은 맞습니다. 그런데 믿음만으로 그렇게 큰 득을 보는 것 같지는 않습니다. 믿음으로부터 많은 것을 얻었으나, 그 믿음으로 말미암아 많은 것을 잃은 것이지요. 그렇게 보면, 자연은 참 공평하다는 생각이 들기도 합니다. 얻는 것만큼 동일한 대가를 치러야 한다는 교훈을 던져 주고 있으니까요.

서론이 길어졌군요. 한마디로 요약해 보면, 칸트는 인식과 믿음을 혼동해서는 안 된다고 주장하고 있는 셈입니다. 인간은 확실히 눈에 보이지 않는 세계를 상상하고 꿈꾸며, 믿음으로 승화시켜 이념의 세계로 나아갈 수 있습니다. 이념의 세계는 자연의 세계에서는 볼 수 없는 인간만의 순수한 이성의 산물입니다. 하지만 산이 높으면 골도 그만큼 깊어지기 마련입니다. 올라갈 때는 그 성취감에 취해 더없이 상쾌하지만, 추락할 땐 날개가 없는 법입니다. 고상한 세계를 맛보기 위해 인간은 어둡고 칙칙한 심연의 세계를 만들어 그속에서 서로 아귀다툼을 벌여야 했다는 의미입니다.

여기서 칸트는 심판관의 역할을 자처합니다. 분명 순수이성의 활동은 잘못된 것이 아닙니다. 그러나 순수이성의 힘과 권력은 믿음의 영역에서만 제한적으로 사용돼야 합니다. 순수이성이 믿음과 신념의 영역을 벗어나 인식의 세계에서 설치게 되면 갈등과 분쟁의 원인이 됩니다. 순수이성이 만들어내는 이념이 개인에 따라 서로 다른 것은 지극히 자연스러운 현상입니다. 그런데 모두가 받아들여야 하는 보편적 진리로 자신의 이념을 강요하는 순간 지옥문이 열립니다. '믿음은 믿음의 주권자에게, 인식은 인식의 주권자에게'가 칸트가 자신의 시대에 던진 냉철한 메시지입니다.

믿음을 믿음의 영역에 가택연금하고, 인식을 현상의 세계에서 다루게 되면서 인식론은 커다란 분기점을 맞이합니다. 믿음은 보편적 영역이 아니라 개인적 세계에서 자신의 힘을 발휘해야만 합니다. 믿음은 개인의 주관적 성향 혹은 성정에 따라 달라질 수 있습니다. 누가 어떠한 믿음을 소유하든 그 것은 개인의 취사선택일 뿐입니다. 반면 현상의 세계에 기반을 두고 있는 인식은 객관적 기준에 따라 공유될 수 있는 학문입니다. 학문은 옳고 그름, 좋고 나쁨 등 가치기준에 따라 구별될 수 있습니다. 이 경계선이 무너지게 되면, 우리는 누군가의 믿음을 옳고 그름, 좋고 나쁨의 기준으로 판단하게 되어 분열과 갈등의 대혼란을 겪게 됩니다.

칸트는 순수이성의 잘못된 사용으로부터 비롯될 수 있는 사상적 갈등을, 될 수 있으면 피하려고 한 것입니다. 철학의 역사에는 수많은 사상적 갈등이 만수산 드렁칡처럼 얽히고설켜 있습니다. 때로 갈등이 변화와 발전의 원동력이 되는 것은 사실입니다. 그러나 주의와 주장의 난무가 생산적이지 못한 이념논쟁의 무한 반복으로 이어지는 경우가 더 많습니다.

오랜 분쟁과 갈등으로 폐허가 되어 버린 황무지 위에도 희망의 꽃은 피기 마련입니다. 칸트는 이러한 비생산적 사상논쟁에 종지부를 찍기 위해 '순수이성 사용매뉴얼'을 전격적으로 세상에 내놓습니다. 이것이 『순수이성비판』이 지닌 또 다른 시대적 의미입니다. 무질서하게 난무했던 사상의 전쟁터에서 다양한 입장들이 서로 조금씩 양보하여 종전 선언문을 작성할 수 있도록 적합한 환경을 만들어 준 것입니다.

살다 보면 종종 언제 멈추고 언제 나아가야 할지를 분별해야만 하는 순간이 있습니다. 남이 달린다고 무작정 같이 달리다가는 레밍 신드롬●에 빠질 수 있습니다. 자신의 판단으로 기준점을 설정하여 멈출 때를 알아야 하지요. 현대의 워라밸 현상은 아마도 멈춰야 할 때와 나아가야 할 때를 개별적으로 조절하려는 시대적 현상이 아닐까요?

그도 그럴 것이 현대사회는 성장을 향해 무작정 달리는 폭주 기관차와도 같습니다. 생산과 소비를 좌우 엔진으로 삼아 어디로 향하는지도 모른 채 무작정 속도를 올리고 있는 형국입니다. 성장이 상품에 의한, 상품을 위한, 상품의 시대를 낳아 화려한 삶을 안겨 준 것은 사실입니다. 하지만 세상일에는 반드시 대가가 있기 마련입니다. 도파민에 취한 쾌락은 그 한계를 알지 못합니다. 더 강도 높은 쾌락을 위해 우리는 어디까지 달려야만 하는 걸까요? 또한, 그 대가로 우리는 무엇을 내놔야만 하는 걸까요? 현대사회는 이 질문을 던질 능력도, 답변할 의지도 없어 보입니다. 그저 맹목적 성장을 향해 무한도전을 하고 있기에 그 어떠한 합리적 의심도 모두

세이렌의 유혹으로 넘겨 외면하고 있는 형국입니다. 그래서 개인이 먼저 나선 것인지도 모릅니다. 사회가 감당하지 못하니 그저 함께 달리다 비참한 최후를 맞지 않기 위해 어디서 멈춰야 하는지를 개별적으로 묻게 된 것입니다. 우리는 이러한 현상을 바로 워라밸이라고 부릅니다.

5장

자존감은 어디에서
오는 것일까?

자존감에 대한 사회적 관심이 높습니다. 우울증과 자살률이 날이 갈수록 최고수치를 갈아 치우고 있기 때문입니다. 경제적 안정과 출세가 자존감을 높인다는 사실은 반쪽짜리 진리입니다. '요람에서 무덤까지'를 모토로 삼은 선진국에서도 우울증은 마치 역병처럼 번지고 있습니다. 삶의 근원적 문제 앞에서 유토피아에 머물 수 있는 사람은 아무도 없다는 의미입니다. 그렇다면 자존감이란 무엇일까요? 칸트의 비판철학은 자존감 결핍에 시달리는 현대인에게 어떠한 시사점을 남겨 줄 수 있을까요?

자존감은 어디에서 오는 걸까요? 질문의 순서가 잘못되었네요. 자존감이란 대체 무엇일까요? 자존감이 무엇인지를 알아야, 그것의 기원도 따져 볼 수 있을 테니까요. 미국의 철학자이자 심리학자인 윌리엄 제임스William James는 자존감을 심리학적 차원에서 처음으로 사용한 학자로 알려져 있습니다. 그는 자존감을 가리켜 자신에 대해 긍정적으로 생각하는 마음으로 정의합니다. 예컨대 "$\frac{성공}{허세}$ = 자존감"이라는 것이지요. 사회적 성공의 파이를 키우는 쪽보다 허세를 포기하는 쪽이 자존감을 살리는 데 실용적일 수 있다는 조언도 아끼지 않습니다. 일리가 있어 보입니다. 대표적인 예가 연예인의 삶입니다. 타인의 관심으로 살아가는 운명인 연예인은 사회적으로 성공한 축에 속합니다. 하지만 자신의 운명에 충실하면 할수록 연예인들의 자존감이 떨어지는 경우가 종종 있습니다. 대중의 변덕스러운 마음을 사로잡는 일은 늘 한계가 있기 때문입니다. 특히 인기의 정상에 올라간 사람일수록 추락할 때는 날개가 없습니다. 이것이 연예계의 화려한 삶이 종종 우울증을 부르는 원천이 되는 이유입니다.

그렇다고 자존감에 대한 정의가 명쾌해진 것은 아닙니다. '자신을 긍정적으로 생각하는 마음'이라는 설명은 돌고 돌아 제자리로 돌아가는 도돌이표 해설방식입니다. 자존감이라는 단어를 설명하는 듯 보이지만 한자를 한글로 풀었을 뿐 내용적으로 추가된 정보가 하나도 없다는 의미입니다. 이래서 항상 첫 단추가 어려운 법입니다. 첫 단추를 제대로 맞추고 나면 두 번째부터는 비교적 쉽게 갈 수 있을 것 같은데 말입니다.

○ 한없이 흔들리는 자존감의 정체

먼저 자존감이 추락하면 내부에서 어떠한 현상이 벌어지는지부터 살펴봅시다. 자존감에 문제가 생기면 개인의 내면에는 온갖 종류의 방어기제가 꿈틀거리게 됩니다. 방어기제란 내면의 긴장을 완화하고 불안에 대처하기 위하여 무의식이 활용하는 다양한 심리적 책략을 말합니다. 무의식의 영역에서 움직이기 때문에 개인의 생각이나 의지와는 무관하게 발동합니다. 쉽게 말하면, 위험에 처했을 때 무의식이 먼저 반응하여 철통방어의 진용을 갖추는 것입니다. 비난받을 수 있는 충동이나 행동에 대해 순간적으로 그럴듯한 이유를 지어내 합리화하려는 태도, 드러내고 싶지 않은 자신의 내적 욕망을 해소하기 위해 동일한 본능을 지닌 타인을 지지하는 동일화 과정, 고통스러운 사건이나 기억을 무의식 깊은 곳에 숨겨 놓고 외면하는 억압행위 등이 대표적인 방어기제들입니다.

일반적으로 방어기제는 위험에 대처하는 보존본능의 일종이라고 볼 수 있습니다. 하지만 방어기제가 지나칠 정도로 예민하게 활성화되면 과도한 자가면역반응*처럼 대인관계에 문제를 일으키거나 치명적인 정신질환으로 급격하게 전환될 수 있습니다. 여기에서 우리는 자존감이 어떤 역할을 할 수 있을지 그 윤곽을 그리게 됩니다. 자존감은 방어기제가 정상적 삶의 경계선을 가능한 한 넘지 않도록 방지턱 역할을 합니다. 어떤 부분에서 남보다 자신이 부족하다는 생각은 발전의 원동력으로 기능할 수 있습니다. 그러나 열등의식은 다른 차원의 자기 의식입니다. 자신이 다른 사람보다 열등하다고 느끼는 자책은 발전의 원동력이 되기보다 쉽게

• 자가면역반응이란 자신의 신체 조직 성분에 대해 면역을 일으키거나 과민하게 여러 가지 반응을 일으키는 현상을 말합니다.

자학적 행동으로 전환될 수 있습니다. 또한 피해의식으로 변형되기도 쉬워서 매우 신경질적인 성격의 소유자로 개인을 일그러트리기도 하지요. 자존감이 낮은 사람이 각종 신경증, 심지어는 우울증에 시달리는 이유가 여기에 있습니다.

자존감은 내면 중에서 가장 중심이 되는 내면이라고 볼 수 있습니다. 눈에 보이지 않는 자기 의식이라 마땅히 설명할 만한 건수를 만들기도 쉽지 않습니다. 그러나 요즘처럼 무한 경쟁에 시달리는 와중에도 굳건하게 버틸 수 있도록 자신을 지지하는 뒷배가 이른바 자존감인 것은 확실해 보입니다. 그래서 자존감이 강한 사람일수록 약육강식의 배틀 그라운드에서 최후의 승자가 될 가능성이 큽니다.

단순히 경쟁력에서만 강점을 보이는 걸까요? 그렇지는 않습니다. 공감이나 동감, 인간적 특징인 감정이입感情移入에 있어서도 자존감은 필수조건입니다. 자존감이 떨어지는 사람이라고 해서 열등감만 있는 것이 아닙니다. 열등의식은 상황이 바뀌면 곧바로 우월의식의 전형인 가학적 인간으로 자기 변신을 꾀하게 됩니다. 자존감이 없는 사람은 시계추처럼 자학에서 가학으로 옮겨 다니며 인간관계에 파열음을 내기

일쑤입니다.

이렇게 중요한 인격적 요소임에도 자존감이 무엇인지를
설명하기는 여전히 쉬워 보이지 않습니다. 자신을 사랑하는
마음 정도로 할까요? 그런데 대체 자신의 어떤 부분을 사랑
한다는 걸까요? 우리 자신을 표현하는 또 다른 언어, 페르소
나persona가 일반적으로 거론되는 단서입니다. 페르소나는 그
리스 어원을 가진 가면이라는 뜻의 단어입니다. 인간이 인생
을 연극에 비유하는 데 익숙하다 보니, 자연스럽게 '개인의
외적 인격'을 지칭할 때 혼용되기도 합니다. 내면의 의식과
는 달리 페르소나는 사회적 규범에 적응한 자의식이기에 사
회적 역할의 또 다른 명칭이기도 합니다.

흔히 페르소나, 즉 사회적 역할의 가치가 높을수록 자존감
도 비례해서 올라간다고 알려져 있습니다. 그렇다면 반대로
사회적 지위가 낮을수록 자존감도 내려갈 것입니다. 경험에
비춰 보면, 주인공과 조연, 엑스트라는 확실히 자존감에서
차이가 날 것도 같습니다.

그런데 자존감과 사회적 역할이 반드시 일치하는 것은 아
닙니다. 권력의 맛을 본 사람이 쉽게 권력의 노예가 되기도

하고, 상대적으로 낮은 사회적 지위에도 불구하고 일찍부터 자족하는 법을 배운 사람도 있습니다. 제 경험으로는 오히려 '배우고 가진 놈이 더한다'는 말이 훨씬 설득력이 있기는 합니다. 사회적으로 성공한 사람일수록 열등의식과 우월의식에 시달려 우울증을 달고 사는 경우도 숱한 것이지요. 주관적 경험에서 비롯된 결론이니 당연히 일반화시킬 수는 없겠습니다. 하지만 최소한 사회적 지위가 반드시 자존감으로 이어지는 것은 아니라는 방증은 될 수 있겠습니다.

○ 나를 사랑할 용기, 자존감

그런데 왜 갑자기 칸트의 철학에서 자존감으로 훌쩍 건너뛴 걸까요? 시대를 앞질러 우리에게 필요한 자존감의 실체에 대해 칸트가 미리 생각해 둔 바는 거의 없습니다. 한 철학자에게 모든 시대를 관통하는 해결책을 제시하라고 요구하거나 그의 철학을 통해 모든 시대를 설명하려는 시도는 어리석은 일입니다. 철학자를 신앙하는 태도는 칸트 본인조차도 거부하는 바입니다.

다만 우리는 '개인'에 대한 칸트의 생각이 우리가 여기서 사용하는 자존감이라는 단어를 설명하는 데 결정적인 역할을 할 수 있다고 생각합니다. 역사적으로 보면, 칸트 이전까지 개인의 자존감을 심각하게 고민한 철학자는 없다고 볼 수 있습니다. 칸트의 도덕철학을 한마디로 요약하라면, '인간은 가격이 아니라, 존엄성을 갖는다'라는 명제 안에 있습니다. 칸트의 두 번째 주저 『실천이성비판』을 완성하기 직전, 윤리학의 얼개를 담아 출판한 『윤리 형이상학 정초』에서 칸트는 동물과 구별되는 인간만의 특징으로 존엄성을 언급합니다. 당연히 무엇을 근거로 우리가 존엄한 존재로 구별되는지도 상세하게 설명하고 있습니다.

존엄성과 자존감은 다른 단어이며 사용하는 맥락도 똑같지 않습니다. 그 의미도 다소 차이가 있습니다. 그러나 존엄성이라는 단어를 배제하고 자존감을 논하는 것은 불가능합니다. 단어를 설명하기 위해 돌고 돌아 다시 제자리로 돌아오게 되면, 무기력해지고 허무해져서 기껏해야 자신을 사랑한다거나 남보다 뭔가 나은 구석이 있다는 식으로 자존감을 설명하게 되지요. 그러나 자존감은 자기 애착도 우월의식도 아닙니다. 그럼 자존감이란 무엇일까요? 말이 나왔으니, 칸트의 트레이드 마크인 존엄성부터 차근차근 설명해 보도록 합시다.

근대는 인본주의의 시대이고, 인본주의의 꽃은 당연히 인간 존엄성의 발견입니다. 칸트의 사상은 인본주의의 중심부에서 열심히 자기 역할을 하고 있습니다. 존엄성이란 무엇일까요? 먼저 대한민국 헌법 제10조에 등장하는 법적 정의부터 살펴봅시다.

모든 국민은 인간으로서의 존엄과 가치를 가지며, 행복을 추구할 권리를 가진다. 국가는 개인이 가지는 불가침의 기본적 인권을 확인하고 이를 보장할 의무를 진다.

헌법에서 개인의 기본권으로 보장하고 있으니 오늘날 인간의 존엄성을 모른다고 하거나 의문시하는 행위는 반인륜적 행위로, 손가락질의 대상이 됩니다. 마치 공기처럼, 마치

물처럼 삶의 구성요건으로 달라붙어 있기에 존엄성은 현대인의 기본권으로 확고히 자리를 잡은 것이지요. 그래서일까요? 소위 배운 사람은 존엄성을 행복을 추구할 수 있는 권리로 설명하며 당연히 모두에게 존재하는 것으로 전제하곤 합니다. 그런데 처음부터 보편적 존엄성이 껍딱지처럼 인간적 삶에 딱 달라붙어 있었던 것은 아닙니다.

앞서 우리는 존엄성을 근대 인본주의의 꽃이라고 표현했습니다. 달리 말하면, 근대 이전에 인류는 존엄성이라는 단어를 알지 못했습니다. 설령 알았다고 해도, 인간이 오직 인간이기 때문에 부여받은, 부정하거나 범할 수 없는 보편적 성질로 이해하지는 않았습니다. 특정 민족이나 특권층만이 존엄성이라는 타이틀을 이마에 붙이고 살 수 있었기 때문입니다.

그러나 칸트가 이 단어를 사용하기 시작했을 때는 이미 모든 사람의 명함에 공통으로 새겨진 보편적 권리로 존엄성이 등장합니다. 칸트의 사고가 인본주의라는 새로운 시대의 서막을 장식하고 있는 걸까요? 꼭 그렇다고 볼 수는 없습니다. 칸트가 시대를 성찰하기 시작했을 때, 그는 이미 그 시대의 한가운데에 서 있었습니다. 말하자면 칸트는 자신의 시대에 가장 학업성적이 우수한 학생이었을 것입니다. 이제 막 자신 앞에 펼쳐진 시대정신을 정확하게 이해했으며, 그것을 자신의 개념을 통해 재구성하는 데 탁월한 능력을 발휘한 것이지요. 이것은 흔히 성찰과 사색의 달인이 보여 줄 수 있는 지적 재능이기도 합니다.

그렇다면 칸트는 왜 모든 인간이 존엄하다고 생각했던 걸까요? 칸트가 알고 있는 존엄성과 현대인이 헌법에 기록하고 있는 행복추구권은 사실 동일한 것입니다. 차이가 있다면, 우리는 그냥 물려받아서 당연하게 사용하는 중이고, 칸트의 시대는 어떤 논증이 필요했다고 보면 됩니다. 별 볼 일 없는 사회적 약자에게 존엄성을 부여하기 위해서 칸트의 시대는 특별한 이유가 필요했던 것이지요. 그래서 칸트에게 인간 존엄성은 늘 어떤 특별한 속성과 연결되어 있습니다. 그것이 무엇일까요?

어떤 의미에서 칸트는 자신이 그토록 비판했던 전통철학으로부터 결정적인 유산을 물려받습니다. 그 유명한 이성의 능력입니다. 모름지기 인간이라면 이성을 사용할 수 있어야 한다는 말입니다. 다만 그는 그 사용처가 머리가 아니라 가슴이 되어야 한다고 주장합니다. 인간의 머리는 이성을 제대로 사용할 수 없지만, 가슴은 이성을 행동으로 옮길 수 있다는 것이지요. 참 이해하기 어려운 논증입니다. 하지만 실제로 행동해 보면, 생각이 달라집니다. 이른바 자율autonomy이 그것입니다. 인간의 이성은 보편적 법칙을 만들어 사회적 규범으로 삼을 수 있습니다. 더 나아가 보편적 법에 근거하여 자신의 행위를 강제할 수 있습니다. 그것도 자율이라는 이름으로 말입니다. 칸트는 인간의 이러한 자율적 행위를 가장 이성적인 행위라고 해석합니다. 이렇게 하여 칸트는 인간 존엄성의 근거를 이성적 존재자의 입법성, 즉 자율에 두게 되는 것입니다.

조금은 황당한 논리처럼 보이지만, 철학적으로는 상당히 설득력이 있는 논증입니다. 철학사는 '모든 존재는 존재할 만한 충분한 이유가 있다'는 오래된 속설을 고이 간직하고 있습니다. 근대철학자 라이프니츠Gottfried Leibniz는 이것을 충족이유율充足理由律이라고 불렀습니다. 자연현상을 일정한 질서에 근거하도록 하여 인식론의 체계를 세우려고 했던 것이지요. 실체substance의 원인과 근거가 외부에서 온 것인지 아니면 자신의 내부에서 발생한 것인지에 따라 근원적인 것과 비근원적인 것으로 구분하기 위하여 설정한 기준입니다. 인간의 행위가 이기적 본능처럼 자연의 법칙에 따라 진행된 것이라면, 우리는 마치 꼭두각시처럼 비본질적인 존재가 될 것입니다. 그러나 우리의 행위가 내부에서 발원한 보편적 질서에 따라 맞춰질 수만 있다면, 우리는 신적인 존재, 즉 자신의 창조주가 될 수 있을 것입니다.

그래서 칸트는 자율적 행위가 인간 존엄성의 근거가 될 수 있다고 본 것입니다. 이렇게 놓고 보면, 자율성은 동물과 인간을 구별할 수 있는 기준점이 되기도 하겠네요. 칸트에게는 자연의 한 조각인 인간이 어떻게 동물과 구별될 수 있는지도 중요했습니다. 그래야 인간에게만 부여할 수 있는 특별한 권리가 정당화될 수 있을 테니까요. 실제로 현대 헌법에 보장된 인권 대부분은 자율성에 근거를 둔 존엄성을 바탕으로 하는 것입니다.

이제 처음 우리가 던졌던 질문으로 돌아가야 할 시간입니다. 자존감이란 무엇일까요? 또한, 존엄성과는 어떠한 연관이 있다는 걸까요? 제임스의 정의처럼 자존감이란 자신을 긍정적이고 소중하게 생각하는 마음입니다. 그런데 자존감이 허세로 사회적 성공을 나눠야 할 몫이라면, 우리는 우월감과 열등감, 그 광기의 양극단에 가로막혀 본래의 자신과 마주하기가 쉽지 않을 것입니다. 있는 그대로의 자신과 대면할 수 있는 심적 여유를 찾지 못한다는 뜻입니다.

그래서 자존감을 다시 정의하고 싶습니다. 자존감이란 '자신을 있는 그대로 바라보며 과거의 자신을 용서하거나, 변화를 촉구할 수 있는 내면의 자발적 용기'입니다. 이는 칸트가 인간에게 그토록 부여하고 싶었던 존엄성의 근거와도 일맥상통한다고 볼 수 있습니다. 존엄성이란 인간의 자발적 행위이며, 자존감이란 자신이 누구인지 이해하려는 내면으로부터 솟구치는 용기입니다.

6장

할 수 있는 일과 할 수 없는 일,
그리고 해야만 하는 일

전통 형이상학과 결별하고 자신만의 독특한 사상을 구축한 칸트의 비판철학은 철학사에 한 획을 그었습니다. 그런데 인식론적 기여만큼이나 칸트의 윤리학도 역사적 의미를 담고 있습니다. 어쩌면 실천철학의 토대를 확고히 하기 위한 사전작업으로 『순수이성비판』을 봐야 한다는 주장도 일리가 있습니다. 칸트의 윤리학은 현대인에게 어떠한 시사점을 남기고 있는 걸까요? 마지막으로 그의 실천이론으로 들어가 보겠습니다.

앞서 우리는 칸트의 사상을 비판철학이라고 불렀습니다. 인간의 이성을 적재적소에 사용해야 한다며 그러지 못했던 전통철학의 무분별함을 준엄하게 꾸짖었기에 그렇게 이름 붙여진 것입니다. 일반적으로 이성의 인식론적 사용에 가해진 예봉이며, 그와 관련된 칸트 연구가 학계의 주류를 형성하고 있습니다. 비판철학의 명성은 대체로 인식론적 맥락에 의존하고 있기 때문입니다.

상대적으로 칸트의 윤리학은 비판철학의 프레임에 딱 맞아 떨어지지는 않습니다. 칸트의 실천철학이 이론만큼이나 철학사에 강한 인상을 남겼다는 점을 고려한다면, 윤리학을 비판의 프레임으로 재구성해 보는 것도 나름대로 의미가 있어 보입니다.

비록 칸트철학 내에서 세간의 큰 관심을 끌지는 못했지만, 원래 칸트가 전통 윤리학으로부터 문제 삼으려고 했던 주제는 '행복'이었습니다. 전통적으로 행복은 윤리적 행위의 구심점을 형성해 왔던 핵심 코드입니다. 무엇이 선한 걸까요? 어떠한 행동이 올바른 것일까요? 어떻게 살아야 훌륭한 인생이 되는 걸까요? 이러한 종류의 물음에 합리적 해법을 찾기 위해 태곳적부터 스타 철학자들은 행복의 조건에 초점을 맞췄던 것입니다.

○ 윤리가 행복에 앞선다

　행복을 추구하려는 인간의 욕망은 굳이 어려운 논증을 통과할 필요가 없을 만큼 자연스럽고 자명한 것입니다. 우리가 어떠한 생각을 하든, 어떠한 길을 선택하든 개인의 자유입니다. 그러나 그 자유조차도 행복을 찾는 여정에서 발견하는 선택사항임에는 분명해 보입니다. 정몽주에게 새로운 시대로의 동행을 권하며 이방원이 지었다는 「하여가何如歌」를 한 번 들어 볼까요?

　이런들 어떠하며 저런들 어떠하리.
　만수산 드렁칡이 얽어진들 어떠하리.
　우리도 이같이 얽혀서 백 년까지 누리리라.

　얼핏 선과 악, 옳고 그름의 기준을 외면한 자유로운 선택의 끝판왕으로 보입니다. 그러나 여기에서조차 행위의 구심점이 전혀 없는 것은 아닙니다. 우리에게 익숙한 의리나 충정이 눈에 띄지 않을 뿐, 이방원에게 윤리적 행위는, 얽히고 설킬지라도 백 년까지 누릴 수 있다면 그것이 최선이 아니겠느냐는 가치관을 담고 있는 것입니다. 선에서 개인적 안위를 제외하면 무엇이 남아 있겠느냐는 일종의 항변이기도 합니다. 자신의 이익을 위해서라면 수단과 방법을 가리지 않는 오늘날의 국제적 상황을 무심히 바라보고 있자니, 시대를 뛰어넘는 이방원의 안목이 제법 출중해 보이기까지 합니다.

윤리학의 역사에서 행복을 행위의 기준점으로 삼아 강조한 것은 그리 놀라운 일이 아닙니다. 불행을 부르는 행위를 정당화할 수 있는 논증은 없습니다. 역으로 생각해 보면, 선은 곧 행복에 이르는 행위라는 생각이 대중적 설득력을 얻을 만했다는 의미입니다.

일단 칸트는 전통 윤리학이 견지했던 행복에 대한 상식적 편애를 비판합니다. 도대체 칸트는 무슨 억하심정抑何心情으로 윤리와 행복의 자연스러운 찰떡궁합에 돌팔매질을 하려는 걸까요? 다소 불운했던 그의 일생이 평범한 일상의 행복에 거리를 두게 했던 걸까요? 순수하게 이론적으로 보면, 그런 것 같지는 않습니다. 일단 칸트의 깔끔한 성격이 한몫하고 있다고 봅니다. 앞서 언급하였듯, 칸트에게 인간 존엄성의 근거는 외부의 충동이나 자연적 욕망으로부터 벗어나 양심에 따라 보편적 법칙에 귀를 기울이는 개인의 자율적 행위에 있습니다. 반면 칸트의 눈에 비친 행복의 추구는 본능에 따르는 비자발적 행위의 전형으로 보였던 것입니다. 쾌락을 얻기 위해 자연적 욕망에 굴복했다고 할까요. 속된 말로 돈이나 권력의 노예로 살면서 행복을 추구한다고 말할 수는 없다고 칸트는 역설하고 있는 것 같습니다.

행복에 대한 칸트의 생각에 우리가 반드시 동의할 필요는 없습니다. 그렇다고 마냥 칸트의 주장을 터무니없다고 비난할 수도 없습니다. 행복의 추구가 대체로 물질적 풍요와 연계되어 있다는 것은 분명한 사실이니까요. 그렇다고 '뭐니뭐니 해도 머니money가 최고'라는 의미는 아닙니다. '돈으로행복을 살 수는 없지만, 세상에는 돈만한 것이 없다'는 속설이 비교적 대중적이라는 말이지요. 칸트의 시대라고 해서 오늘날과 특별히 다르다고 볼 근거는 없습니다. 그래서 칸트는행복의 추구를 윤리적 행위와 구별하려고 했는지도 모릅니다. 칸트는 인간의 자율적 행위를, 그저 잘 먹고 잘 입는 것을 넘어서는 보편적 행위에 대해 어떤 결단을 내리는 의지적행위로 해석한 것입니다.

이렇게 하여 칸트는 윤리학에서도 비판철학을 적용합니다. 이론이성처럼 실천이성도 자신의 행위를 윤리적이라고 부르고 싶다면, 아무 데나 함부로 나대지 말고 자신의 영역이 어디에 있는지를 확실히 하라는 것이지요. 행복은 윤리와 아무런 관련이 없다는 사실을 공론화시키며 보편적 양심에 따라 법과 질서를 지키는 것이 상책이라고 강조하기도 합니다.

일단 여기까지가 실천철학에서 비판이 맡은 에피소드입니다. 그런데 이것이 전부라면, 별로 재미가 없을 것 같습니다. 행복을 윤리의 영역으로부터 추방한 사건은 대학에서 철학을 가르치는 전문 학자에게는 충분히 흥미로운 사건이지만, 일반 독자에게는 참으로 못 할 짓입니다. 맹목적으로 개인적 안위를 추구하는 현대의 물질문명을 변호할 생각은 없지만, 개인의 행복추구권은 대체 불가능한 삶의 조건이기 때문입니다. 옳고 선한 행동이 그에 걸맞은 보상을 가져오지 않는다면, 그러한 행위를 권장할 수 있는 이론은 세상에 존재할 수 없습니다.

그래서 우리는 비판철학과 행복의 엄밀한 학문적 별거는

전문 학자에게 맡겨 놓을 생각입니다. 그 대신 실천의 영역에서 칸트의 비판철학이 어떠한 시사적 의미를 담고 있는지를 별도로 검토하려고 합니다. 굳이 행복을 거론하지 않아도 칸트의 윤리학은 충분히 사회적 설득력을 가질 수 있기 때문입니다. 2018년에 일어난 불행한 사건을 사례로 삼아 논의를 진행해 보겠습니다.

○ 인간이 존엄하기 위해 지켜야 할 의무

경기 동두천시 한 어린이집 통학차량에 4살 여아가 폭염 속에 방치돼 숨진 가운데, 당일 해당 아동의 출석체크가 제대로 이뤄지지 않은 데 대해 원장과 담임교사가 "깜빡 잊었다"는 어처구니없는 해명을 내놨다. 동두천경찰서에 따르면 어린이집 원장과 담임교사는 출석체크가 제대로 되지 않은 이유에 대해 "학부모 참관수업 행사 때문에 그날따라 어린이집이 분주해서 깜빡 잊었다"고 진술했다.

사례로 들기에는 너무 가슴이 아픈
사건이라 망설였던 것이 사실입니다. 그
럼에도 분석의 표본으로 결정한 이유는
이 사건으로부터 우리가 어떠한 교훈을
얻어야 하는지를 확실히 해 두고 싶기
때문입니다.

어린이집 통학차량에서 한 아이가 등교 후에 하차하지 못
하고 방치되어 있다가 사망한 사건입니다. 운전사, 담임교
사, 원장 등 주요 관련자의 부주의가 우연히 서로 협력하여
벌어진 불행한 사건입니다. 우리는 여기서 칸트의 비판철학
을 통해 우리가 무엇을 할 수 있는지, 무엇을 할 수 없는지 그
리고 무엇을 해야만 하는지 등 인간 행위의 경계선을 구분해
보겠습니다.

첫째, 사건의 일반적 사안부터 검토해 봅시다. 어린이집
원장은 영리를 목적으로 해당 기관을 운영하고 있습니다. 그
러나 이익추구를 최우선으로 하는 여느 영리단체와는 달라
서 공적 제한을 받습니다. 어린이집은 보육기관으로서 공공
의 업무를 수행하고 있기에 보육시설로서 영유아보육법에

따른 사회적 법령을 준수해야만 합니다. 예컨대 어린이나 영유아 승·하차 시 준수사항 및 안전조치 이행의무, 보호자 동승의무 등입니다. 따라서 해당 어린이집은 기관에 종사하는 보육 교사에게 관련 법령을 교육해야 할 의무도 함께 지고 있습니다.

둘째, 원장은 보육기관의 운영자로서 어떤 의무가 있는지 검토해 봅시다. 원장은 행복을 추구할 수 있는 사적 권리에 앞서 법령이 정하는 보육 이념을 행위의 최우선으로 삼아야 합니다. 의무라는 단어는 그 어떤 이해관계에 의해서도 우선순위가 밀리지 않습니다. 예컨대 원장은 영유아가 안전하고 쾌적한 환경에서 건강하게 성장할 수 있도록 최선을 다해야 하며, 영유아 자신이나 보호자의 성별, 연령, 종교, 사회적 신분, 재산, 장애, 인종 및 출생지역 등에 따른 어떠한 종류의 차별도 해서는 안 됩니다.

셋째, 이 사건의 관련자들은 무엇을 해야만 했었는지를 검토해 봅시다. 사건 관련자들은 학부모 참관수업 행사로 인해 원아 출석체크를 소홀히 했다고 진술하고 있습니다. 이른바 원아의 출석과 학부모 참관수업이 서로 충돌하고 있는 형국입니다. 두 이해관계가 조화를 이루며 상호보완을 할 수 있었다면, 더할 나위가 없습니다. 그런데 유감스럽게도 학부모 참관수업이 출석체크의 의무를 방해한 셈이지요. 결국, 이 사건에서 불행은 피할 수 없는 필연이 되어 버렸습니다. 이 경우 가치판단의 우선순위는 어떻게 될까요?

당연히 원장이나 담임교사는 매일 출석체크를 해야 할 의무가 있습니다. 사건 당일은 학부모 참관수업이 있던 날입니다. 학부모 참관수업은 사실 의무라고 볼 수는 없습니다. 하지만 기관의 평판에 영향을 미치는 행사이기 때문에 영리추구를 목적으로 삼아 기관을 운영하는 원장에게는 사실상 중요한 행사입니다. 결국, 원장과 담임교사는 이러한 사적 목적에 마음을 뺏겨 출석체크를 소홀히 한 셈입니다. 참관수업으로 인해 출석체크를 소홀히 했다는 관련자의 변명이 법정에서 정상참작의 근거로 활용될 수 없는 이유입니다.

역으로 출석체크로 인해 학부모 참관수업이 다소 지장을 받았다면 어떨까요? 그래도 기관의 운영자는 출석체크를 최우선으로 삼아야만 합니다. 칸트에게 있어서 의무란 상황에 따라 무게가 달라지는 감정의 기복이 아닙니다. 상황이나 결과에 가감되지 않고 반드시 지켜져야 하는 필연적 행위로 의무가 정의됨으로써 칸트는 인간이라는 존재를 바람에 흩날리는 우연의 세계에서 빼내어 어떠한 바람에도 흔들리지 않는 필연의 존재로 간주할 수 있게 됩니다. 인간의 행위에 행여 숭고함과 장엄함이 존재한다면, 이는 의무로부터 기인한 행위가 될 것입니다.

지금부터 대략 100년 전에 발생했던 타이타닉호 침몰 사건에서도 비슷한 예를 볼 수 있습니다. 사고의 규모가 워낙 충격적으로 커서 영화로도 제작되어 흥행에 성공한 현대사에서 가장 유명한 해양 재난 사고로 기록되고 있습니다. 배의 침몰이 기정사실로 되었을 때, 선장은 승무원을 통해 승객들을 대피시킵니다. 흔히 일등석에 속한 승객들만이 구조되었을 것으로 짐작할 수 있는데, 사실은 그렇지 않습니다. 일등석에서 삼등석에 이르기까지 남성 대부분은 차디찬 바닷물 속에서 유명을 달리합니다.

순전히 공리주의적 관점에서 보면, 일등석에 탑승한 승객부터 구조하는 것이 합리적으로 보입니다. 사회적 역할과 경제적 지위에 따라 개인의 가치가 달라지는 시대에 살고 있으니, 일등석에 탑승했던 승객 전원을 구조하는 것이 결과적으로 사회에 유익했을 것입니다. 그런데 당시 승무원들에게 주어진 의무규정은 결과를 중시하는 매뉴얼과는 거리가 멀었습니다. 일등석에서 삼등석에 이르기까지 약자 우선주의 prioritarianism가 적용되었기 때문입니다. 실용적 결과를 떠나 오로지 의무를 이행하려고 노력했던 선장과 승무원들은 지금도 숭고함의 대명사로 사람들 사이에 회자되고 있습니다. 더욱이 그것이 삶과 죽음의 경계선에서 내려진 선택이었기에 장엄하기까지 합니다. 사회적 지위에 따라 인명구조가 결정되었다면 어땠을까요? 경우에 따라 그럴 수밖에 없었다는 합리적 변명이 통했을 수도 있습니다. 그러나 인간 존엄에 준하는 공감을 얻지는 못했을 것입니다. 이해관계는 행위의 동력이 될 수는 있지만, 인간의 마음을 움직여 인격적인 것을 창조해 낼 수는 없습니다. 여기서 우리는 칸트 윤리학의 정수인 '정언명령'을 이해할 수 있는 열쇠를 얻게 됩니다.

"네 의지의 준칙이 항상 보편타당한 입법의

원리가 되도록 행위하라."

칸트의 윤리학이 세상에 흔적을 남긴 제일 준칙입니다. 인간의 존엄은 보편적 법칙을 세우고 스스로 그 법칙에 따라 살려고 노력할 때 주어지는 자연의 선물이라는 것이지요. 칸트와 함께 모든 인간은 수단이 아니라 목적 그 자체로 다시 태어나는 사상적 정당성을 획득하게 됩니다.

근대 인간의 아이콘, 칸트

"Zwei Dinge erfüllen das Gemüt mit immer neuer und
zunehmender Bewunderung und Ehrfurcht, je öfter und
anhaltender sich das Nachdenken damit beschäftigt: Der
bestirnte Himmel über mir und das moralische Gesetz in mir."

"늘 새로운 감탄과 더욱 빈번한 숙고로 내 마음을 채우는
두 가지 사실이 있다: 별이 빛나는 하늘과 내 안에 살아 숨
을 쉬는 도덕법칙이다."

칸트의 묘비명에 새겨져 있는 글귀입니다. 『실천이성비
판』의 마지막에 등장하는 구절이기도 합니다.

여기서 '하늘'은 인간의 인식능력이 미치지 못하는 자연의
장엄함에 대해 경의를 표현하는 것이며, '도덕법칙'은 인간만

이 지닌 '격'에 대한 깊은 성찰입니다. 자연에 대한 인식능력은 시간의 흐름과 함께 상당 부분 달라졌기 때문에, 오늘날 우리가 칸트로부터 취할 수 있는 시사적 메시지는 사실상 도덕법칙입니다.

오늘날 우리가 인간의 존엄성이라고 부르는 인간 자신에 대한 이해는 칸트의 고전적 정의에 빚진 바가 큽니다. 칸트의 논증은 간결하고 명확합니다. 모든 자연현상에는 원인과 결과가 있습니다. 인간의 행위에도 당연히 원인과 결과가 있지요. 그런데 인간의 행위 가운데에는 원인이 없는 행위가 있습니다. 정확히 표현하면, 행위 자체가 곧 그 행위의 원인인 행위를 말하는 것입니다. 예컨대 아무런 대가를 바라지 않고 호의를 베푸는 행위는 그 행위가 곧 원인이 되는 셈이지요. 그래서 칸트는 그러한 행위를 하는 인간에게 그 무엇으로도 대체할 수 없는 존엄성을 붙이게 됩니다.

물론 이것으로 칸트가 인간 존엄성에 대한 철학적 근거를 완성했다고 보기에는 무리가 따릅니다. 인간은 자신에게 이익이 되는 행위만을 하며, 이타적인 행위를 할 때조차 그 행동의 기준이 자신이라는 것이 일반적 상식이기 때문입니다.

칸트도 이 같은 사실을 잘 알고 있습니다. 그래서 칸트철학 내에는 비밀스러운 전제가 감춰져 있습니다. 의무를 행할 수 있는 윤리적 행위 주체, 즉 '선험적 주체'가 그것입니다. 인간이 비록 동물과 마찬가지로 이기적 본성을 가지고 태어났지만, 보편적 법칙을 의무로 행할 수 있는 존재로 자라나는 것입니다. 오로지 도덕성으로 인해 인간이 존엄성을 지닐 수 있다고 칸트가 강조한 이유가 여기에 있습니다. 인간이 윤리적 동물이라서가 아니라, 윤리적 법칙을 의무로 규정하고 지킬 수 있기 때문에 존엄한 존재가 된 것입니다.

그런데 오늘날 인간 존엄성은 삼킬 수도, 뱉을 수도 없는 뜨거운 감자가 된 듯합니다. 인류의 생존터전인 하나뿐인 지구가 무차별적 개발과 성장의 후유증으로 급격히 그 균형을 잃어 가고 있고, 이 사태를 주도했다고 여겨지는 인간 중심주의가 비난의 대상이 된 탓입니다. 더 나아가 인간을 자연과 구별 짓고 인간에게만 우월한 지위를 부여하는 시도는 선민사상이나, 남성 우월주의와 비견되는 종족주의와 동격으로 취급되고 있습니다.

그럼에도 인간의 존엄성은 여전히 유효할 수 있습니다.

존엄성은 그저 개인에게 귀속된 생물학적 특권이 아닙니다. 오히려 개인과 개인의 관계 속에서 발생하는 인간적인 현상으로 이해하는 것이 좋습니다. 예를 들어 보겠습니다. 우리가 서로를 소중한 존재로 인정하는 것은 무자비한 생존투쟁을 피하기 위해서가 아니라, 인간관계의 현실을 특별하게 이해하기 때문입니다.

비록 어디서 왔고 어디로 가는지 알 수 없지만, 우리는 함께 이 세상에 던져졌으며, 이 공동의 세계는 인간을 '개인'임과 동시에 '우리'로 묶어 놓았습니다. 이 공동의 세계를 물건의 가격으로 설명하려는 모든 시도는 휴머니즘 전체를 시험대에 올려놓게 됩니다. 마치 노숙자의 삶을 이해하려는 어떠한 시도도 가격의 세계에서는 불가능한 것처럼 말입니다. 우리가 노숙자의 삶을 이해할 수 있는 유일한 시도는, 존재하는 모든 것을 있는 그대로의 모습으로 지나갈 수 있도록 배려하는 '인정'을 통해서야 비로소 열리게 됩니다.

인간관계에 주어진 특별한 방식을 지각하는 것이 곧 타인에 대한 인정이며, 이는 타인의 존엄성에 대한 보편적 의무를 지킬 것을 요구합니다. 그러한 의무의 방기는 곧 타인에

대한 대상화, 타인의 부정으로 연결되는 것이지요. 칸트의
의무규정이 갖는 시사적 의미도 여기에 있을 것입니다.

○ 칸트 연보

1724년 독일의 쾨니히스베르크(현 칼리닌그라드)에서 태어나다.

1737년 어머니 안나 레기나Anna Regina가 세상을 떠나다.

1740년 쾨니히스베르크 대학에 입학하다.

1746년 쾨니히스베르크 대학을 졸업하다. 아버지 요한 게오르크 칸트Johann
Georg Kant가 세상을 떠나다.

1755년 쾨니히스베르크 대학 사私강사로 이력을 시작하다.

1770년 쾨니히스베르크 대학 논리학과 형이상학 정교수로 취임하다.

1781년 『순수이성비판Kritik der reinen Vernunft』을 출간하다.

1783년 『미래 형이상학을 위한 서설Prolegomena zu einer jeden künftigen Metaphysik』
을 출간하다.

1785년 『윤리 형이상학 정초Grundlegung zur Metaphysik der Sitten』를 출간하다.

1788년 『실천이성비판Kritik der praktischen Vernunft』을 출간하다.

1790년 『판단력비판Kritik der Urteilskraft』을 출간하다.

1793년 『순수이성의 한계 내에서의 종교Die Religion innerhalb der Grenzen der
bloßen Vernunft』를 출간하다.

1797년 『윤리 형이상학Die Metaphysik der Sitten』을 출간하다.

1804년 81세의 일기로 사망하다.

Immanuel Kant

카사노바를
쓰다

 ⌒ᔡ
슈테판 츠바이크 평전 시리즈 4

카사노바를 쓰다

초판 1쇄 인쇄 2018년 7월 23일
초판 1쇄 발행 2018년 7월 30일
-
지은이 슈테판 츠바이크
옮긴이 원당희
펴낸이 이방원
편집 홍순용 · 김명희 · 이윤석 · 안효희 · 강윤경 · 윤원진
디자인 박혜옥 · 손경화
마케팅 최성수
-
펴낸곳 세창미디어
출판신고 2013년 1월 4일 제312-2013-000002호
주소 03735 서울특별시 서대문구 경기대로 88 냉천빌딩 4층
전화 02-723-8660 I 팩스 02-720-4579
이메일 edit@sechangpub.co.kr I 홈페이지 http://www.sechangpub.co.kr
-
ISBN 978-89-5586-525-7 04850
ISBN 978-89-5586-171-6 (세트)

ⓒ 원당희, 2018

이 도서의 국립중앙도서관 출판시도서목록CIP은 e-CIP 홈페이지 http://www.nl.go.kr/ecip에서
이용하실 수 있습니다. CIP 제어번호 : CIP2018022708

STEFAN

카사노바를 쓰다

ZWEIG

슈테판 츠바이크 평전시리즈 4

원당희 옮김

세창미디어
MEDIA

Giovanni Giacomo Casanova

카사노바
1725~1798

나는 자유인, 세계시민이라고 그는 내게 말한다.
〈1760년 6월 21일, 알브레히트 폰 할러에게 보내는 편지에서
카사노바에 대해 무랄트Muralt가 한 말〉

CONTENTS

카사노바는 세계문학에서 특수한 사례, 대단히 운
이 좋은 사례로 등장한다. 그 이유는 무엇보다 빌라
도가 신앙에 귀의했듯이 이 유명한 협잡꾼도 창조적
정신의 신전에 불법적으로 뛰어들었기 때문이다. 또
한 그의 문학적 품격은 뻔뻔스럽게 알파벳으로 끼적
거린 생갈트Seingalt의 기사라는 칭호만큼이나 믿을 수
없었기 때문이다. 예쁜 귀부인에게 주려고 침대와
도박판을 오가며 즉흥적으로 쓴 몇 편의 시들은 사
향 냄새와 학자연하는 낌새까지 풍겼다. 게다가 우
리의 선량한 자코모 카사노바가 철학까지 시작했을

때, 사람들은 하품을 하지 않으려고 입을 꽉 다무는 편이 나았을 것이다. 그렇다! 카사노바에게 문학적 품격 같은 것은 없었다. 고타에서처럼 이곳에서도 이렇다 할 직위나 자격도 없는 기식자寄食者, 불청객에 지나지 않았다. 그러나 평생 그랬듯이 뱃심 좋게도 여러 개의 얼굴로 살아가는 데 성공했다. 예컨대 그는 초라한 배우의 아들로 태어나 파문당한 성직자, 퇴역장교, 악명 높은 사기도박꾼으로서 황제와 왕들의 궁전에 드나들었고, 결국은 어느 소공국 최후의 귀족 리뉴Ligne 왕자의 품에 안겨 죽음을 맞이했다. 그의 미미한 정신이 비록 시대의 바람 속에서 흡사 재처럼 날렸다 해도, 카사노바의 길게 드리워진 그림자는 불멸의 인간들 속으로 끼어들었다.

그러나 참으로 기이한 사건이 아닐 수 없다! 그의 유명한 동향인들과 아르카디안 지역의 시인들, "신성한" 시인 메타스타시오Metastasio가 도서관의 잡동사니 내지 문헌학자의 생계수단이 되어 버린 반면, 찬사를 받으며 영글어진 카사노바의 이름은 오늘날에도 모든 사람들의 입에 오르내리고 있다. 이미 《구원된 예루살렘》과 《충실한 양치기》가 소중한 역사적 유품으로 읽히지 않은 채 서가에서 먼지만 일으킨다면, 그의 사랑의 일리아드는 현세의 개연성에 따라 지속성을 가지고 열렬한 독자들을 맞이하게 될 것이다. 교활한 행운의 도박사 카사노바는 단번에 단테와 보카치오Boccaccio 이래로 이탈리아의 모든 시인들을 뛰어넘었다.

더욱 더 놀라운 것은 카사노바가 판돈 하나 없이 영원한 전리품을 얻고자 했으며, 어쨌든 불멸의 이름을 얻었다는 사실이다. 이 도박사는 실제의 예술가들이 갖고 있던 책임감 따위는 생각조차 하지 않았다. 작품을 위해 날밤을 샌다든지, 죽자 사자 낱말을 갈고 닦아야 의미가 순수하고 영롱해지며, 언어가 투명해진다는 것에 대해서는 아는 바가 전혀 없었다. 다양하지만 눈에 보이지 않고 보상도 바랄 수 없는 창작의 어려움, 장년이 되어서야 비로소 인식하게 되는 시인의 일에 대한 성취감, 삶의 온기와 행복을 단념하면서까지 작업에 몰두하는 시인의 영웅적 희생에 대해서는 아는 바가 없었다.

정말이지 카사노바라는 사람은 언제나 삶을 가볍게 꾸려 나갔다. 즐거움, 향락, 수면, 쾌락 등 할 것은 다 하면서도 불멸의 이름을 얻었다. 그는 명성을 얻으려고 손가락 하나 까딱하지 않았으나, 명성은 운이 좋은 그의 수중에 쉽사리 들어왔다. 지갑에 금화한 닢이 있는 한, 사랑의 램프에 기름 한 방울만 남아 있는 한, 손에 잉크를 묻힐 생각이 없었다. 걸인처럼 문전박대의 처지에 빠지고, 성 불능으로 여인들의 조롱거리가 되고 나서야 비로소, 머리가 벗겨진 노년의 카사노바는 체험의 대용품인 일로 도피했다. 흥미나 욕구도 사라지고, 피부병으로 몸을 긁는 이빨 빠진 들개처럼 불만에 가득 차게 되어서야, 그는 투덜거리며 칠순의 노쇠한 인간 카사노바에 대해 자서전을 쓰기 시작했다.

그는 자신의 삶에 대해 서술했고, 그것이 그의 문학적 최대 업적으로 남게 되었다. 하지만 어떤 삶을 이야기했던가! 5편의 장편소설, 20편의 희극, 다수의 단편소설과 삽화들, 매혹적이고 박진감 넘치는 상황설정과 일화들이 생생한 하나의 인물로 압축되었던 것이다. 여기서 바로 그의 삶이 예술가나 창작가의 정돈된 노력 없이 예술작품으로서 풍성한 모습을 드러냈다. 그러므로 그의 명성의 엉클어진 비밀 또한 가장 납득할 만한 방식으로 풀리게 되었다. 왜냐하면 그의 자서전에 나타나는 바와 같이 카사노바는 천재로서가 아니라, 체험한 그대로의 자신을 보여 주고 있었기 때문이다. 다른 사람이라면 창작해야만 하는 것을, 그는 생생하게 경험했다. 다른 사람이 정신으로 하는 것을, 그는 관능적인 육체로 형상화했다. 이 때문에 펜과 환상은 현실을 부차적으로 새롭게 꾸밀 필요가 없었다. 그것은 이미 극적으로 이루어진 실존을 적을 수 있는 종이로 충분했다.

동시대의 어떤 작가도 상황과 변화라는 면에서 카사노바가 체험한 것처럼 그렇게 많은 것을 창안해 내지 못했다. 어떤 이력을 가진 사람도 그토록 대담한 곡선을 그리며 한 세기 내내 비약하지 못했다. 우리가 순전히 사건의 내용만을 가지고(정신적 근거와 인식의 깊이가 아니라) 괴테나 루소 및 동시대인들의 자서전과 카사노바의 자서전을 비교한다면, 전자의 경우는 카사노바에 비해 전환이라는 면에서 옹색할 뿐만 아니라 공간적으로도 매우 협소하다는 것이 입증되었다. 전자의 목적 지향적이고 창조적 의지가 지배적인 삶의 이력은 사고의 영역에 있어서는 촌스럽고 고루했다. 반면에 카사노바의 도도한 모험적 삶은 마치 매일 속옷을 갈아입듯이 나라와 도시, 직업, 분야, 여자를 다양하게 바꿨다. 카사노바가 형상화라는 면에서 아마추어였다면, 저들은 향락에 있어서 아마추어였던 것이다. 정신적 인간은 현존의 모든 폭과 환락까지도 알고자 동경하면서 그의 과제, 그의 작업에 매여서 꼼짝하지 못한다는 것이 영원한 비극이었다. 정신적 인간은 자신에게 부과된 의무 때문에 자유스럽지 않았고, 질서와 땅에 구속되어 있었다. 참된 예술가라면 그 누구나 자기 현존의 대부분을 창조를 위해 투쟁하며 외롭게 살아가는 법이다. 이와는 달리 삶 자체를 위해 살아가려는 비창조적인 인간은 직접적인 현실에 몰두한 채 자유롭고 방탕하게 향락만을 즐긴다. 요컨대 목표를 설정한 자는 우연성을 외면하고 지나쳤다. 예술가는 대부분 체험하지 못한 것만을 늘 형상화해 왔다.

그러나 이들과 상반된 느긋한 향락주의자들에게는 다양한 체험을 완결된 형태로 가져오는 힘이 결여되어 있었다. 향락주의자들은 스스로를 순간에 맡김으로써 그 순간을 독점하는 데 반해, 예술가는 최소한의 체험조차 영원한 것으로 만들지 못했다. 두 극단은 결실을 맺도록 보완하지 못하고 서로가 결렬되어 있는 것이다. 술이 있는 자에게는 잔이 없고, 잔이 있는 자에게는 술이 없다. 이는 해결 불가능한 역설적 상황이었다. 행동하는 인간이나 향락주의자들은 작가들보다 더 많은 체험을 이야기할 수 있지만, 형상화할 능력이 부족했다. 반면에 창조적인 인간들은 사건을 보고할 만큼 충분히 체험하지 못했기 때문에, 계속 창작과정에 매달려야만 했다. 작가들은 자서전을 쓰는 법이 드물었지만, 반면에 멋진 체험을 자서전에 담아야 할 인간들은 그것을 쓸 능력이 거의 부족했다.

이런 상황에서 카사노바라는 멋지고 거의 유일한 행운의 사례가 발생했던 것이다. 마침내 열정적인 향락주의자, 전형적인 순간의 포식자가 자신이 겪었던 파란만장한 일들을 이야기하기 시작했다. 그의 이야기에는 도덕적 변명이나 시적 미사여구, 철학적 치장도 없었다. 그는 있었던 일 그대로를 아주 사실적으로, 열정적으로, 때로는 위기감을 고조하고, 때로는 분탕질을 쳐 가면서 냉정하고도 흥미롭게 이야기했다. 비천하고, 저속하고, 불결한 것도 마다하지 않았으나, 시종일관 흥미진진하고 박진감이 넘쳤다. 더구나 문학적 허영심이나 독단적 허풍, 참회조의 회한, 자기현시적인 고백 따위는 보이지 않았다. 그는 독자들에게 부담감을 주는 일 없이 차분하게 이야기를 끌고 나갔다. 그것은 마치 파이프 담배를 입에 물고 술집 테이블에 앉아 있는 노병老兵이 비스킷처럼 바삭바삭하고 탄내 나는 모험담을 편견 없는 청중들에게 흥미진진하게 들려주는 것과도 같았다.

이렇게 할 수 있는 자는 머리를 쥐어뜯어 이야기를 만드는 그런 상상력의 소유자나 창작자가 아니라, 삶 자체를 이야기하는 시인 중의 시인 카사노바였다. 하지만 그는 예술가의 가장 겸허한 요건, 즉 믿기 어려운 것을 믿게 만드는 일에 대해서만은 충실했다. 꽤나 이상한 불어의 사용에도 불구하고 그의 교묘한 수법과 힘은 예술가의 요건에 완벽하게 도달했다. 그러나 둑스 성의 사서로 있으면서 통풍으로 떨며 투덜거리던 이 노인은 훗날 나이 지긋한 문헌학자와 역사가들이 자신의 추억에 대해 18세기의 가장 소중한 유품으로 연구하면서 몸을 숙이게 될 것이라곤 꿈에도 생각하지 못했다. 우리의 선량한 자코모는 자신의 옛일을 떠올리며 우쭐해하곤 했는데, 그의 방자한 적수 펠트키르히너 집사가 그의 사후 120년이 지나면 아마 카사노바 협회가 발족되어 그의 모든 메모와 자료를 검사하고, 연루된 여성들을 추적하게 될 것이라고 한 말을 그저 무례한 농담에 불과하다고 자서전에 적었다. 허영심 많은 카사노바가 자신의 사후 명성을 예상하지 못하고, 이로 인해 품격, 열정, 심리학의 좁은 범주에만 머물렀다는 것은 다행이라 하겠다. 왜냐하면 의도하지 않은 일만이 저 걱정 없는 태연자약, 자연스런 솔직성에 도달하기 때문이다.

둑스의 늙은 도박사는 언제나 그랬듯이 아주 느긋하게 최후의 도박판인 책상으로 걸어가서는, 최후의 일격을 날리기 위해 운명을 향해 자신의 비망록을 던졌다. 그러고 나서 그는 결과를 확인하기도 전에 자리에서 일어나 너무 일찍 떠나가 버렸다. 이렇게 하여 그의 최후의 도박이 불멸로 이어졌으니, 이 얼마나 기적 같은 일인가! 이 "행운의 광대"는 도박에서 멋지게 승리한 것이다. 이에 반대하여 격앙하고 항변한다 해도 더 이상 소용없는 일이다. 사람들은 그의 도덕적 결핍과 풍기문란을 이유로 이 존경스런 친구를 경멸할 수 있을 것이다. 또한 사람들은 그를 역사가로 인정하지 않거나, 예술가로서도 존재를 부정할 수 있을 것이다. 그러나 오직 한 가지에 대해서만은 그를 묵살할 수 없다. 왜냐하면 그 모든 시인과 사상가를 통틀어도 카사노바 이래로 세계는 그의 삶보다 더 낭만적인 소설을 창조하지 못했고, 그의 형상보다 더 환상적인 모습을 만들어 내지 못했기 때문이다.

젊은 카사노바의 초상

아시다시피 그대는 정말 미남입니다.
-1764년 상수시 공원에서 프리드리히 대제가 돌연 멈춰 서서 그를 유심히 바라
보며 이렇게 말했다.

군주의 저택이 있는 어느 작은 도시의 극장이었다. 여가수가 대담한 콜로라투라로 아리아를 막 끝냈고, 이어서 우레와 같은 박수소리가 울려 퍼졌다. 그러나 방금 부르기 시작한 남성 서창은 관객들의 주의를 끌지 못하고 있었다. 멋쟁이 남성들은 관람석을 오가면서 손잡이가 달린 안경으로 여성들을 살펴보기도 하고, 은수저로 그윽한 향취의 젤리와 오렌지색 셔벗을 먹기도 했다. 이런 와중에 무대 위에서 광대가 그의 파트너와 발끝으로 춤추며 선회하는 것은 거의 부질없어 보였다. 바로 이때였다. 갑자기 모든

사람들의 시선이 호기심으로 번뜩이며 한 낯선 사내에게로 집중되는 것이었다. 그는 늦게 당도했지만 당당하고 태연하게, 우아한 남성의 경쾌한 발걸음으로 이제 막 관람석에 들어서고 있었다. 그를 아는 사람은 아무도 없었다. 헤라클레스처럼 우람한 체격에서는 부유함까지 흘러넘쳤다. 잘 재단된 잿빛 비로도 의복은 화려하게 수놓은 비단 조끼 위에서 주름이 잡혀 있었다. 고급스런 금빛 레이스는 브뤼셀제 가슴장식 목핀에서부터 비단 양말에 이르기까지 화려한 예복의 검은 선을 부각시키고 있었다. 그는 한 손에 하얀 깃이 달린 모자를 무심히 들고 있었는데, 장미 기름 내지 새로 유행하는 포마드의 달콤한 냄새가 이 우아한 이방인에게서 살짝 풍겨 나왔다.

이제 그는 맨 앞줄 난간에 멍하니 기대서 있었다. 반지를 낀 그의 손은 기념장식이 박힌 영국제 강철로 된 검을 보란 듯이 잡고 있었다. 자신이 사람들의 주목을 받고 있다는 것을 느끼지 못하는 것 같았다. 그는 무관심한 척하면서 관람석을 살피기 위해 그의 손잡이 달린 안경을 들어올렸다. 사방에서 벌써 쉬쉬 하는 소리가 들려왔다. 저 남자는 후작일까, 부유한 외국인일까? 관객들은 서로 머리를 맞대고 경외심에 가득 차서 소곤거렸다. 그의 가슴에 비스듬히 걸려 있는 진홍색 띠와 그 위에서 흔들리는 다이아몬드 장식의 훈장에 대해 관심이 쏠리고 있었다.(그가 반짝이는 보석으로 치장한 그 훈장이 딸기 값보다 더 싼 하찮은 십자훈장이라는 것을 아무도 인지하지 못했다.) 무대 위의 가수들은 자신들에게 관심이 점점 없어진다는 것을 금방 알아차렸고, 서창 또한 그만큼 느슨해졌다. 왜냐하면 경쾌하게 춤추던 무용수들이 혹시라도 멋진 밤을 함께 보낼 돈 많은 공작님이라도 오신 것은 아닌지, 바이올린과 비올라 연주자들 너머로 엿보고 있었기 때문이다.

그러나 백여 명의 관객들이 이 낯선 사람의 정체와 출신의 수수께끼를 풀기도 전에, 관람석의 여성들은 벌써 그의 다른 면을 알아보고는 거의 까무러칠 지경이었다. 이 낯선 사내는 그야말로 미남일 뿐

만 아니라, 남성적인 매력이 흘러넘쳤다. 그는 강인
해 보이는 몸매, 떡 벌어진 어깨, 근육질로 된 두 팔
의 소유자로서, 무쇠처럼 단단해 보이는 육체에는
어디 한 군데 약해 보이는 곳이 없었다. 이런 사내
중의 사내가 돌진하기 직전의 황소처럼 목을 아래로
내린 채 서 있었던 것이다. 옆으로 보면 그의 얼굴은
로마 주화를 떠올리게 했다. 동판 같은 검은 머리의
윤곽은 금속처럼 아주 예리하게 경사를 이루었다.
시인들이 시기할 만큼 적당히 돌출한 이마 둘레에는
밤색의 연한 곱슬머리가 뒤덮고 있었다. 뻔뻔스럽고
건방져 보이는 코는 갈고리처럼 우뚝 솟아 있었고,
골격이 튼튼해 보이는 턱과 그 턱 아래로는 다시 호
두알 두 개 크기의 둥근 목젖이 튀어나와 있었다.(여
성들은 이를 남성의 힘을 가장 확실하게 보증하는 상징
으로 여겼다.) 얼굴의 이런 특징은 분명히 그의 과감
성, 승부욕, 결단력을 말해 주고 있었다. 반면에 붉
고 관능적인 입술만은 부드럽게 궁형을 그리며 촉촉
하게 젖어 있었고, 그 안으로 석류 씨알처럼 하얀 이

들이 드러나 있었다.

이 잘생긴 남자는 극장의 어두운 관람석을 따라 천천히 얼굴을 옆으로 돌렸다. 균형 있게 치켜 올라간 짙은 눈썹 아래로 두 개의 검은 눈동자가 초조한 빛을 깜빡거렸다. 그것은 바로 먹이를 노리는 사냥꾼의 눈빛인 것으로, 독수리처럼 단숨에 먹이를 덮칠 기세였다. 하지만 그의 눈빛은 깜빡일 뿐, 전혀 타오르지 않았다. 등대의 조명등처럼 관람석을 따라가면서, 마치 남자들을 검사라도 하는 것 같았다. 사실은 돈으로 살 수 있는 뭔가를 고르듯이, 보금자리 속의 따뜻하고 벌거벗은 여자들, 하얀 살결의 여자들을 음미하고 있었다. 그는 전문가처럼 까다롭게 여자들을 번갈아 가며 관찰했고, 자신 역시 뭇사람들의 시선을 느꼈다. 이때 그의 관능적인 입술이 약간 느슨해지는 것 같더니, 살짝 벌린 입가에 숨결 같은 미소가 번지기 시작했고, 그러자 처음으로 새하얀 넓은 치아가 반짝거리며 들여다보였다. 아직은 이 미소가 특정한 어느 여인이 아니라, 모든 여인을 향하고 있었다. 아니, 그의 미소는 여인들의 의복 속에 벌거벗은 채 뜨겁게 감추어진 모든 여인들의 본능을 향하고 있었다.

그러나 이제 그는 관람석에 있는 아는 사이의 한 여자에게 슬그머니 눈길을 돌렸다. 그리고는 시선을 그곳에 집중시켰다. 그러자 우단처럼 부드럽고 동시에 반짝이는 광채가 그의 눈에서 넘쳐흘렀다. 그것은 바로 노골적으로 뭔가를 묻는 눈빛이었다. 그는 왼손은 검 위에 놓고, 오른손은 묵직한 깃털 모자를 움켜잡고 있었다. 이제 사내는 그녀에게 다가가 서로 알고 있는 사이임을 암시하듯 몇 마디 중얼거렸다. 그리고는 근육질의 목을 우아하게 구부려 그 귀부인의 내민 손에 입 맞추고, 아주 정중하게 말문을 열었다. 하지만 그의 아첨공세에 당황한 듯 그녀는 뒤로 물러섰다. 이런 그녀의 태도에서 아리아 같은 그의 목소리가 이 여인에게 얼마나 감미롭게 들렸는지 알 수 있었다. 당혹스런 그녀는 몸을 뒤로 젖히며 그를 동행인들에게 소개했다. "생갈트의 기사님입니다." 서로 의례적인 인사가 정중하게 오갔다. 그들은 이 손님에게 자리를 권했지만, 그는 겸손하게 사양했다. 이렇게 서로 인사치레를 나누는 사이에 은근히 대화가 시작되었다. 카사노바는 점차 다른 사람들이 들리도록 목소리를 높였다. 연극배우의 말투처럼 그는 모음을 부드럽게 발음하는 한편, 자음은 리드미컬하게 굴려서 발음했다. 그는 관람석 너머까지 들릴 만큼 점점 더 뚜렷하게, 과시하듯 큰 소리로 이야기했다.

카사노바는 대화에 귀를 기울이는 옆 사람들이 그가 얼마나 재치 있고 유창하게 프랑스어 및 이탈리아어를 구사하는지, 또 그가 얼마나 능란하게 호라티우스Horatius의 시를 인용할 수 있는지 들어주기를 원했다. 얼핏 보기에는 그가 우연히 반지 낀 손을 난간에 올려놓은 것 같았지만, 실은 멀리서도 자신의 값비싼 커프스와 특히 손에 낀 큼직한 보석반지가 번쩍이는 것을 보여 주려는 것이었다. 이때 그는 다이아몬드로 장식된 담배 케이스에서 멕시코산 코담배를 꺼내 주위의 기사들에게 권했다. "제 친구인 스페인 대사가 어제 이것을 급사를 통해 보내왔지요." (옆의 관람석에서도 이 말을 들을 수 있었다.) 그러자 기사들 중 한 신사가 정중하게 이 담배 케이스 위에 그려진 세밀한 그림을 보고 감탄했다. 이에 카사노바는 태연하게 대꾸했지만, 그 소리는 너무 커서 홀 전체로 울려 퍼졌다. "그건 쾰른의 선제후로 있는 친구가 보내 준 선물이랍니다." 그는 아무 의도 없이 이렇게 말하는 척했지만, 이 허풍선이는 이렇게 말하면서도 계속 맹금의 눈초리로 재빨리 좌우를 살피며 자신의 영향력을 탐지해 내고 있었다.

그렇다. 모두가 그에게 몰두하고 있었다. 특히 그는 귀부인들의 호기심이 자신에게 쏠려 있음을 느꼈다. 자신이 주목과 놀라움, 찬사의 대상이 되고 있음을 감지하자, 그는 더욱 대담해졌다. 그는 교묘하게 대화의 분위기를 전환하여 이웃 관람석의 귀부인을 대화에 끌어 들이려 했다. 그곳에는 후작의 애인이 좌석에 앉아서 카사노바의 파리식 프랑스어를 기분 좋게 ―그도 이를 느끼고 있었다― 엿듣고 있었다. 그는 어느 아름다운 여인에 관해 얘기하면서 그에게 미소로 답하는 선제후의 애인을 향해 품위 있는 몸 짓으로 정중하게 찬사를 보냈다. 이제 그의 친구들 에게는 생갈트의 기사를 귀부인에게 소개할 일만 남 았다. 도박은 이미 끝났다. 내일 정오쯤이면 카사노 바는 이 도시의 가장 고귀한 사람들과 식사를 하게 될 것이다. 내일 저녁에는 궁전의 어딘가에서 파라 오 게임을 하자고 제안하고는, 초대자의 돈을 모조 리 따게 될 것이다. 밤에는 이렇게 화려하게 차려 입 은 여자들 가운데 누군가, 벌거벗은 누군가와 동침 하게 될 것이다.―이 모든 것은 그의 대담하고 열정 적인 태도, 승리에 대한 강한 의지, 그의 구릿빛 얼 굴에 드러난 자유롭고 남성적인 아름다움 덕분이었 다. 여인들의 미소와 손가락에 낀 보석, 다이아몬드 시곗줄과 황금 레이스, 은행장들과의 신용거래와 귀 족과의 우정은 생각만 해도 멋진 것이었다. 그러나 이보다 더 멋진 것은 다채로운 삶을 마음껏 영위할 수 있는 자유였다.

그러는 사이에 프리마돈나가 새로운 아리아를 부르기 위해 준비를 마쳤다. 그녀가 깊이 머리를 숙여 인사하자, 카사노바의 화술에 매료되었던 기사들은 얼른 그녀를 초대해서는, 후작의 애인을 접견하도록 자리까지 마련했다. 이제 카사노바는 제자리로 돌아와 앉았다. 왼손은 검 위에 올려놓은 채, 아름다운 갈색 머리를 수그리고는, 마치 전문가인양 노래에 귀를 기울였다. 그의 등 뒤에서는 관람석마다 똑같이 누구냐고 묻고 대답하고, 쉬쉬 하는 소리로 야단이었다. "생갈트의 기사"라는 말이 입에서 입으로 전해졌다. 생갈트의 기사라는 것 외에 더 이상은 누구도 알지 못했다. 그가 어디 출신이고, 무엇을 하는 사람인지, 어디로 가는 길인지 그 누구도 알지 못했다. 오직 그의 이름만이 호기심에 가득 찬 어두운 홀 전체로 퍼져 나갔다. 뿐만 아니라 그의 이름은 무대 위의 여가수들에게까지 불길 번지듯 춤추며 퍼져 나갔다.

하지만 갑자기 베네치아 출신의 어린 여자 무용수가 웃음을 터트렸다. "생갈트의 기사? 아, 저 사기꾼! 저 사람은 카사노바야, 부라넬라의 아들이지. 젊은 신부였는데, 5년 전에 내 언니를 꼬여 내어 순결을 빼앗았지. 늙은 브라자딘의 익살광대에 사기꾼, 룸펜, 무뢰한이야!" 그럼에도 불구하고 이 쾌활한 아가씨에게는 그의 몹쓸 짓조차도 그리 나쁘게 보이지 않는 것 같았다. 왜냐하면 그녀는 무대 뒤에서 그에게 아는 척하며 눈을 깜빡이고, 손끝을 요염하게 입술에 갖다 댔기 때문이다. 카사노바 역시 그녀를 인지하고 기억해 냈다. 하지만 걱정할 필요가 없었다. 그녀는 저 고상한 바보들과의 작은 도박을 방해하지는 않을 것이고, 오히려 오늘 밤 그와 동침하기를 바랄 테니까 말이다.

모험가들

너의 유일한 능력이 사람들의 어리석음 때문이라는 것을
그녀는 아는가.
-카사노바가 사기도박꾼 크로체에게

 7년 전쟁부터 프랑스 대혁명에 이르는 25년 동안 유럽 전역에 걸쳐 폭풍전야의 정적이 감돌고 있었다. 오스트리아의 합스부르크Habsburg왕조와 프랑스의 부르봉Bourbon왕조, 독일의 호엔촐레른Hohenzollern왕조는 전쟁에 지칠 대로 지쳐 있었다. 시민들은 기분 좋게 담배연기로 동그라미를 만들었고, 군인들은 그들의 편발을 손질하거나, 쓸모없게 된 무기들을 닦고 있었다. 이렇게 그동안 전쟁으로 시달렸던 나라들은 잠시 숨 돌릴 시간을 갖게 되었다. 그러나 영주들은 전쟁이 없어서 지루하게 지냈다. 그들은 하루

하루가 권태로워서 죽을 지경이었다. 독일과 이탈리아의 영주, 그 밖에 소공국의 영주들은 하나 같이 따분해서 어떻게든 즐겁게 지내기를 원했다. 그러나 겉으로는 위대해 보여도 실상은 가련한 선제후들과 공작들은 신축하여 물기도 마르지 않은 로코코풍의 성에 분수와 오랑제리, 맹수의 투기장, 화랑, 동물원, 보물창고 등을 가지고 있었음에도 도무지 지루함을 달랠 수가 없었다. 그러다 보니 심지어 예술후원자 및 애호가로 자처하며 볼테르나 디드로와 편지를 교환하고, 중국산 도자기, 중세의 주화, 바로크 시대의 회화들을 수집하는가 하면, 프랑스의 희극배우나 이탈리아의 성악가 및 무용수들을 초청하기도 했다. 오로지 바이마르의 군주만은 지혜롭게 실러, 괴테, 헤르더라는 세 명의 독일 시인을 궁정으로 초대하여 교류를 맺고 있었다.

그 밖에 산돼지사냥과 물놀이 등은 연극에 삽입되는 막간극으로 바뀌기도 했는데, 그 이유는 세상이 피곤해지면 언제나 도박의 세계, 연극, 유행과 춤이 무엇보다 중요해지기 때문이다. 그래서 당시에 영주들은 돈과 외교적 수완을 발휘하여 가장 흥미로운 익살꾼, 최고의 무용수, 음악가, 철학자, 금 채굴업자, 내시, 오르간 연주자 등을 빼앗기 위해 서로 더 비싼 값을 불렀다. 글루크와 헨델, 메타스타시오와 하세는 물론이고, 히브리의 신비주의자와 매춘부, 폭죽 제조가, 산돼지 몰이꾼, 인쇄공과 발레의 대가 등은 어떻게 해서든 영주들이 서로 빼앗아 가려던 대상이었다. 그나마 영주들에게는 의전 담당관과 각종 의식들, 석조 건물로 된 극장과 오페라극장, 공연 무대와 발레단이 있어서 약간의 권태로움을 달랠 수가 있었다. 하지만 이 가운데 한 가지 부족한 것은 이 소도시의 지루함에 체스를 권할 수 있는 인물, 언제나 동일한 60명의 귀족과 그들의 단조롭기 짝이 없는 얼굴에 참다운 사교계의 모습을 부여할 수 있는 소금 같은 인물이었다. 요컨대 고귀한 신분을 지닌 사람의 방문이나 흥미로운 손님들, 소도시의 권태라는 반죽에 넣을 몇 알의 건포도, 넓은 세상으로부터 소도시의 답답한 대기 속으로 불어오는 약간의 바람이 부족했다.

어떤 궁전에서 권태롭다는 소리가 들리면, 수많은 가면과 변장을 한 모험가들이 도처에서 주르륵! 소리를 내며 달려왔다. 어느 누구도 그들이 어디에 숨었다가 나왔는지 알 수 없었다. 그렇지만 순식간에 그들은 그곳에 도착해 있었다. 여행 마차나 영국산 마차를 타고 달려와, 최고급 호텔의 가장 우아한 방을 손쉽게 빌려 투숙했다. 그들은 인도군대 내지 몽골군대의 제복처럼 환상적인 복장을 하고, 멋들어진 칭호를 지니고 있었다. 이 칭호들은 실제로는 그들의 구두 장식물처럼 가짜 보석이나 마찬가지였다. 그들은 각종 외국어로 말하면서 자신들이 영주나 실력자들을 잘 알고 있다고 주장했다. 그 밖에도 여러 군대에서 복무했고, 여러 대학에서 수학했노라고 떠벌렸다. 그들의 가방은 갖가지 계획들로 가득 차 있었으며, 말만 무성해서 실행하지 못할 약속들에 대해서도 공수표를 남발했다. 그들은 복권과 특별세,

국가연맹 및 공장 등의 계획에도 참여했으며, 여자
와 훈장, 이탈리아 가수들을 제공하는 일에도 관여
했다. 설령 그들의 지갑에 금화가 몇 개밖에 없을지
라도, 그들은 공기 착색에 관한 비밀을 알고 있다고
모든 사람의 귀에 대고 속삭였다. 그들은 미신을 믿
는 사람들에게는 점성술을 이용하여 마음을 사로잡
았고, 쉽게 현혹되는 사람들에게는 여러 계획들을
알려 주었다. 도박꾼에게는 카드를 바꿔쳤으며, 앞
을 내다보지 못하는 사람들에겐 능란한 사교술로 접
근했다. 그러나 이 모든 것은 눈에 보이지 않는 어둡
고 두터운 구름층에 비밀스럽게 싸여 있었다. 그것
은 미지의 것으로 숨어 있어서 더욱 흥미로웠다. 그
들은 마치 도깨비불처럼 돌연 빛을 발하며 위험한
것에 뛰어들거나, 궁전의 갑갑하고 둔중한 대기 속
에서 이리저리 깜빡이며 다녔다. 그들은 유령처럼
현란하게 춤을 추며 왔다가 사라져 버렸다.

영주들은 궁정에서 그들을 접견하며 즐거워했지
만, 그들에게 주의를 기울이지는 않았다. 그들의 귀

족 여부를 묻기보다는 오히려 그들의 부인이 낀 결혼반지, 그들과 동행한 소녀들의 처녀성에 더 관심이 많았다. 단 한 시간만이라도 즐겁게 함으로써 모든 영주들이 앓고 있는 권태라는 병을 누그러뜨리는 사람이라면, 물질주의의 철학으로 느슨해진 비도덕적 분위기 속에서 무조건 환영받았다. 그들이 창녀처럼 위안을 주고, 그 대가로 파렴치하게 돈을 빼앗아 가지 않는 한, 영주들은 모든 것을 기꺼이 허용했다. 간혹 몇몇 예술가나 사기꾼 무리들은 귀족들에게 발길질을 당하기도 했다. (모차르트도 그런 일을 당했다.) 또는 무도회장에서 곧장 감옥으로 직행한다든지, 심지어는 황제의 극장장인 아플리시오Afflisio는 갤리언선의 노예로 전락했다.

이런 사람들 가운데 어떤 교활한 자들은 서로 싸움을 하여 세금징수원, 고급 창녀의 정부나 궁녀들의 애인, 심지어는 진짜 귀족이나 남작이 되는 경우도 있었다. 그러나 대체로 고기가 새까맣게 탈 때까지 기다리는 것은 좋지 않았다. 그럴 수밖에 없는 것이 그들의 마법의 가치는 신선함과 익명성에 달려 있었기 때문이다. 그들이 너무 무례하게 카드를 구부리거나, 무절제하게 주머니 깊숙이 손을 넣는다거나, 너무 오랫동안 궁전에서 안주한다면, 누군가가 갑자기 다가와 그들의 외투를 벗기고, 도둑이라는 낙인이나 태형 자국을 폭로할 수 있는 것이다. 자주 분위기를 바꾸는 길만이 교수대에서 구출될 수 있는 방법이었다. 따라서 행운의 기수들은 끊임없이 유럽 전역으로 마차를 몰고 다녔고, 어두운 사업의 여행자로서 또는 집시로서 이 궁전 저 궁전 떠돌았다. 이렇게 같은 형상을 한 사기꾼의 회전목마는 18세기 내내 마드리드에서 페테르부르크, 암스테르담에서 프레스부르크, 파리에서 나폴리까지 수없이 맴돌았다.

카사노바가 매번 도박장이나 궁전에서 같은 부류의 유랑자들, 즉 탈비스, 아플리시오, 슈베린과 생제르맹을 만났던 것이 우연이라고 말하는 사람도 있겠지만, 이처럼 끊임없는 방랑은 이에 숙련된 자들에게는 즐거움이라기보다는 오히려 도피였다.—단기간의 체류만이 안전을 보장했고, 상호 협력만이 서로를 보호할 수 있었다. 왜냐하면 그들은 피를 나눈 형제이자, 프리메이슨 비밀결사, 모험가들의 조합이었기 때문이다. 그들이 서로 만나는 곳에서는 사기꾼 중의 사기꾼을 지도자로 삼았다. 어느 하나가 다른 자를 상류사회로 진출하게 밀어 주고, 그들이 한 패거리임을 인정함으로써 그들의 행위가 정당화되었다. 그들은 서로 여자를 바꾸어 가졌을 뿐만 아니라, 상의와 이름도 바꾸어 가졌다. 하지만 서로 바꿀 수 없는 것은 바로 그들의 직업이었다. 그들은 모두 배우와 무용수, 음악가, 행운의 기사, 창녀, 연금술사로서 궁정 주변에 기생하며 살았다. 유태인과 예수회를 제외하면, 당시에 그들은 융통성 없고 소견이 좁은 귀족과 자유롭지 못했던 어리석은 시민들 사이에서 이 세계에 존재하던 유일한 국제적 인물들이었다.

그들과 더불어 근대가 시작되었고, 새로운 착취 기술이 생겨났다. 그들은 더 이상 무장하지 않은 사람들을 약탈하지 않았으며, 거리의 마차도 빼앗지 않았다. 그들은 허영심 많은 자들을 위협하고, 경솔한 자들의 기를 꺾어 납작하게 해 주었다. 이런 새로운 소매치기 기술은 세계시민의 정신 및 세련된 수법과 연합관계를 맺었다. 방화나 살해처럼 기존의 난폭한 방식 대신에 카드에 표시를 하거나 카드를 바꿔치기 함으로써 그들은 돈을 갈취했다. 더 이상 주먹도 함부로 휘두르지 않았다. 술에 취한 얼굴이나 대위들의 거친 습관 역시 볼 수 없었다. 그들에게서는 고상하게 반지를 낀 손과 분을 바른 가발, 무관심한 이마가 보일 따름이었다. 극장에서 그들은 언제나 손잡이 달린 안경을 사용했고, 무용수처럼 선회하거나 배우처럼 멋지게 낭독하기도 했으며, 철학의 대가인 양 심각하게 행동했다. 그들은 불안한 눈빛을 대담하게 감추었고, 도박판에서는 교묘하게 패를 속였으며, 여인들에게는 감언이설로 유혹하여 사랑의 색조와 보석을 빼앗았다.

부인할 수 없는 사실은 정신적, 심리적 성향이 그

들 모두의 내면에 잠재해 있었다는 점이다. 이로 인해 그들은 사람들의 공감을 얻을 수 있었고, 그들 가운데 몇몇은 천재적인 경지에 이르게 되었다. 실로 18세기 후반은 그들의 영웅시대, 황금기, 절정에 이른 고전주의 시대였다. 이는 앞서 루이 15세 치하에 7인의 프랑스 대시인과 이후 바이마르의 경이로운 시기에 나타난 몇몇 불멸의 인물들이 보여 준 형식과 천재성을 모조리 합쳐 놓은 것과 같았다. 이렇게 당시의 고상한 사기꾼과 불멸의 모험가의 위대한 플레이아데스Pleiades 칠요성七曜星은 유럽 전체에 걸쳐 승리의 빛을 발하고 있었다. 곧 영주들의 지갑에 손대는 일 따위로는 충분하지 않았다. 그리하여 그들은 시대적 사건에 대담하게 관여하고, 세계사의 거대한 룰렛 도박판을 돌리기 시작했다. 유랑자였던 아일랜드의 존 로John Law는 그의 어음 발행인들과 함께 프랑스 재정을 완전히 가루로 만들었다. 남자와 여자의 중간 존재, 즉 중성이라는 의심과 풍문에 시달렸던 데 온D'eon은 국제정치를 이끌어 나갔다. 둥근 머리에 키가 작은 백작 노이호프Neuhoff는 코르시카의 진짜 왕이 되었지만, 결국 탑에 구금된 채 일생을 마쳤다. 평생 읽기와 쓰기를 제대로 배우지 못한 시칠리아의 시골 청년 칼리오스트로Cagliostro는 악명 높은 목걸이 사건으로 왕국의 목을 조를 올가미를 만들어 냈다. 귀족 출신의 모험가였기에 이들 가운데 가장 비극적인 삶을 살았던 늙은 트렌크Trenck는 결국 단두대의 이슬로 사라졌으나, 빨간 모자를 쓰고 자유의 영웅 역할을 비극적으로 잘 해 냈다. 연령을 초월한 마법사 생제르맹Saint Germain은 프랑스 왕을 자신의 발아래 굴복시켰다. 그는 오늘날에도 밝혀지지 않은 출생의 비밀로 학자들의 열기를 우롱하고 있다.

이렇게 그들 모두는 어떤 권력가들보다 더 강한 권력을 손에 넣고 있었다. 그들은 학자들의 눈을 현혹시키고, 여인들을 유혹하고, 부자들의 재산을 빼앗았으며, 직분이나 책임감과는 상관없이 정치적 꼭두각시의 끈을 은밀하게 잡아당겼다. 그런데 전혀 악인이 아니었던 최후의 모험가 카사노바는 이 길드의 역사가로서 자신에 대해 이야기하는 동시에, 다른 모든 조합원들을 묘사했다. 그는 가장 유쾌한 방식으로 잊을 수 없는 불멸의 인물들, 일곱 명에 관한 이야기를 완성했다.—그들 각자는 다른 모든 시인들보다 유명했고, 당대의 어떤 정치가들보다 더 효과적으로 힘을 행사했으며, 몰락을 예고한 이 세계에서 잠시나마 주인으로 행세했다. 왜냐하면 파렴치한 행위를 재능으로 삼았던 영웅들, 신비스러운 연극을 위선적으로 보여 주었던 영웅들의 시대는 유럽에서 불과 삼사십 년 지속되었을 뿐이었기 때문이다. 이 영웅들의 시대는 그들의 가장 완성된 전형, 가장 완벽한 천재, 광적인 모험가 나폴레옹을 통해 자멸하고 말았다.

천재는 언제나 재능을 발휘할 때에만 진지해진다. 천재는 에피소드의 역할로는 만족하지 못하며, 자신만을 위하여 세계라는 거대한 무대를 요구한다. 코르시카의 무산자 보나파르트가 스스로를 나폴레옹이라 칭했다면, 카사노바 생갈트나 칼리오스트로는 비겁하게 귀족의 가면을 쓰고 시민적 면모를 은폐하는 법이 없었다. 그들은 당당하게 시대에 맞서 정신적 우월성을 요구했으며, 간계로 승리를 훔치기보다는 마땅한 권리로서 승리를 염원했다. 모험정신은 이 모든 재능의 천재였던 나폴레옹과 더불어 영주들의 접견실에서 황제의 알현실로 옮겨 갔다. 모험정신은 불법적인 자가 권력의 정점에 올라감으로써 종말을 맞이했다. 이에 따라 모험정신의 머리 위에 유럽의 왕관이 쓰이게 된 것이다.

교양과 재능

그는 문필가로서 영국과 프랑스에 머물며, 기사들과 여성들에게서
대단한 이득을 얻었던 간계가 많은 인물이라고 사람들은 말한다.
언제나 다른 자의 희생의 대가로 살아가고, 순진한 자들의 마음을
사로잡는 것이 그의 방식이었기 때문이다[…].
언급한 카사노바와 친숙해진다면, 우리는 그의 내면에서
불신, 기만, 음란과 호색이 아주 무섭게 하나로 모여 있음을 알게 된다.
−1755년 베네치아 종교재판소의 비밀보고문

　카사노바는 자신이 모험가라는 사실을 한 번도 부
인한 적이 없었다. 이와는 반대로 라틴계 사람들이
잘 알듯이 언제나 기꺼이 속고 속이는 이 세상에서
그는 바보처럼 속느니 차라리 속이는 자, 털을 깎이
는 양이기보다는 차라리 털을 깎아 주는 자의 연기
를 맡았다는 것에 대해 호언장담하며 자랑스럽게 말
했다. 그러나 단 한가지만은 단호하게 거부했는데,
그것은 거칠게 남의 주머니를 턴 갤리언선 노예들이
나 교수형에 처해진 불량배들과 어리석은 자들의 손
에서 세련되고 우아한 마술로 돈을 갈취하는 자신

을 혼동하는 것이었다. 사기도박꾼인 아플리시오 내지 탈비스와의(반쯤은 동업자로서) 만남을 시인해야 할 때면, 늘 그는 회상록에서 자신의 혐의를 조심스럽게 부인했다. 그럴 것이 비록 카사노바와 이 두 사기꾼들이 동일한 지평에서 만났을지라도, 그들은 서로 다른 세계로부터 연원했기 때문이다. 카사노바는 문화적 혈통을 가진 상류사회 출신이었고, 다른 둘은 저 아래 세상의 무산자 출신이었다. 이는 실러의 《군도群盜》에서 대학생이었던 윤리적인 두목 칼 모어가 같은 도둑무리였던 슈피겔베르크와 슈프테를레를 경멸했던 것과 같았다. 두 도둑은 거칠고 야만적인 행위를 저질렀지만, 칼 모어에게는 반대로 뭔가 감동적인 것이 있었기 때문이다.

이렇게 카사노바는 훌륭하고 신성한 모험정신으로부터 모든 귀족적 품위를 사취하는 그런 사기도박꾼 패거리와는 언제나 자신을 단호히 구분했다. 왜냐하면 실제로 우리의 자코모 카사노바는 모험적 행위에 대해 귀족 칭호를 주어야 한다고 주장했으며,

사기꾼이 행하는 희극배우의 기쁨을 매우 섬세한 예술로서 평가할 줄 알았기 때문이다. 그의 말에 귀를 기울여 보면, 이 세상의 철학가들에게는 어리석은 자들을 골탕 먹이고 즐거워하는 일이야말로 윤리적 의무였다. 허영심 많은 자들을 속이고 소박한 자들을 기만하는 일, 재산을 모조리 탈취하여 수전노들의 근심을 덜어 주는 일, 남편들의 눈을 피해 유부녀와 간통하는 짓 외에 다른 윤리적 의무란 없었다. 그것은 성스러운 정의의 사자로서 이 세상의 모든 어리석음을 벌주는 행위였다. 속임수란 카사노바에게는 예술일 뿐만 아니라, 도덕을 초월하여 존립하는 의무였다. 이 추방된 왕자는 의무를 충실하게 이행했다. 그는 새하얀 양심과 비할 바 없는 당위성을 가지고 이 의무를 이행했다.

정말이지 카사노바가 단순히 돈이 없거나 일하기 싫어서 모험가가 된 것이 아니라는 것만은 그를 믿어도 좋을 것이다. 타고난 천부적 기질, 끝없는 천재성이 그를 모험가로 만들었다. 양친에게서 연극적 재능을 물려받은 그는 전 세계를 연극무대로, 유럽을 배경으로 삼았다. 협박, 현혹, 기만, 우롱은 중세의 재담꾼 오일렌슈피겔Eulenspiegel처럼 그의 몸에 밴 기능이었다. 어쩌면 그는 가면과 장난의 축제가 부여하는 즐거움 없이는 살 수 없었을지도 모른다. 괜찮은 직업을 선택해서 거기에 적응할 기회가 수백 번이나 있었다. 그러나 어떤 시험이나 유혹도 그를 시민생활에 안주하도록 잡아 둘 수 없었다. 백만금을 주면서 직책과 지위를 보장했어도, 그는 이를 받지 않았을 것이다. 오히려 그는 언제나 자기 본연의 유랑민 같은 처지, 새의 깃털처럼 가벼운 존재 속으로 도피하려고 했다. 그러므로 교만하게 자신을 다른 행운의 기사들과 구분하려는 그의 의도는 정당화될 수 있는 것이다. 메세르 카사노바는 어디까지나 정식 결혼을 통해 태어났으며, 그것도 꽤나 존경받는 가문 출신이었다. "라 브라넬라"로 불리던 그의 어머니는 유명한 오페라 성악가로서, 전 유럽의 오페라 무대에서 탁월한 재능을 발휘했다. 카사노바의 형인 프란체스코 카사노바의 이름은 서양미술사에서 늘 나타나는 이름이다. 그의 작품은 오늘날에도 기독교 전용 미술관에서 찾아볼 수 있다.

카사노바의 가까운 친척들은 대부분 존중받는 직업에 종사했는데, 이른바 존경스런 변호사, 공증인, 사제의 예복을 입고 있었다.—따라서 우리는 그가 천민 출신이 아니라, 모차르트나 베토벤처럼 예술적 분위기의 시민계층 출신이라는 것을 알게 된다. 이들처럼 카사노바도 그 모든 광대짓과 조숙한 여성 편력에도 불구하고 우수한 인문주의적 언어교양을 누릴 수 있었다. 라틴어, 그리스어, 프랑스어, 히브리어를 능란하게 구사했으며, 스페인어와 영어도 조금은 할 수 있었다.—다만 우리의 사랑스런 독일어는 30년 동안이나 입 밖에 뱉어 본 적이 없었다. 그는 철학과 마찬가지로 수학에 특출했으며, 16세에는 이미 신학자로서 베네치아의 교회에서 첫 연설을 한 바 있다. 그런가 하면 바이올린 연주자로서 산 사무엘 극장에서 1년 동안 자신의 생활비를 조달할 수 있었다. 그가 18세에 파두아에서 취득하고자 했던 법학 박사 학위가 진짜든 허풍이든, 이 중요한 문제에 관해 저명한 카사노바 연구자들은 오늘날까지도 서로 옳다고 갑론을박 하고 있다. 어쨌든 그가 많은 학문을 습득한 것은 사실이었다. 그는 화학, 의학, 역사, 철학, 문학에 정통했으며, 특히 신비의 학문이었기에 한층 더 즐겁게 배웠던 것은 점성술, 금세공술, 연금술이었다. 무엇보다 귀엽고 발랄한 소년 카사노바는 육체를 사용하는 궁중의 기교들에 특별한 재능을 보였다. 댄스, 펜싱, 승마, 카드놀이에서는 마치 우아한 기사처럼 훌륭한 솜씨를 보였다. 이토록 그는 모든 것을 재빠르고 훌륭하게 배워 익혔는데, 더구나 뛰어난 기억력은 정말 환상적이었다. 70년 동안 한 번 본 얼굴은 절대로 잊지 않았다. 보고, 듣고, 읽고, 말한 것은 모조리 그의 뇌리에 박혀 있었다. 그의 최상급의 자질은 이 모든 것들이 합쳐져서 이루어진 것이다. 실로 카사노바는 학자, 시인, 철학자, 기사 등 전 분야의 달인에 거의 근접해 있었다.

물론 이 '거의'라는 말은 카사노바의 다양한 재능을 칼날처럼 냉정하게 표현한 것이다. 그럼에도 불구하고 그는 전 분야에 있어서 거의라는 수준에 머물러 있었다. 시인이지만 완벽한 시인은 아니었고, 도둑이었지만 전문가가 아니었다. 그는 가장 높은 정신적 영역에 거의 도달했지만, 동시에 갤리언선의 노예로 전락할 위험도 있었다. 어떤 하나의 재능도, 직업도 그는 완벽하게 실현할 수 없었다. 그는 가장 완벽한 아마추어로서 예술과 학문에 대해 믿기지 않을 정도로 많은 것을 알고 있었다. 실제로 창조적인 수준에 이르기 위해서는 손톱만큼이 부족했다. 특히 의지와 결단력, 인내심이 부족했다. 그가 1년만 책과 씨름했다면, 그는 뛰어난 법률가, 노련한 역사가가 될 수 있었을 것이고, 어떤 분야에서든 교수가 될 수 있었을 것이다. 그러나 카사노바는 뭔가를 철저하게 한다는 것은 생각해 본 적이 없었다. 그 무엇도 원치 않았고, 오로지 눈에 보이는 것에만 만족했다. 물론 이 눈에 보이는 가상도 사람을 속일 수 있고, 남을 속이는 일은 무엇보다 그에게 매우 흥미진진한 행위였다. 그는 어리석은 자들을 속이기 위해 심오하고 많은 지식이 필요치 않다는 것을 확신하고 있었다.

카사노바는 그 어떤 일에 대해서도 조금씩은 알고 있었고, 고비마다 훌륭한 조력자가 나타나 그를 도왔다. 더욱이 배짱 한번 좋아서 겁먹는 일이 없었다. 어떤 과제가 주어져도, 그는 자신이 이 분야에서 풋내기라는 것을 결코 인정하지 않았다. 오히려 그 즉시 진지하고도 전문가다운 표정을 지으며, 천부적인 사기꾼으로서 아주 교묘하게 난관을 돌파해 나갔다. 제아무리 추잡한 사건에 휘말려도 그는 언제나 천연덕스럽게 위기에서 빠져나왔다. 언젠가는 파리에서 베르니스 추기경이 카사노바에게 복권에 관해 아느냐고 물은 적이 있었다. 물론 아는 바가 없었지만, 정말 허풍선이답게 안다고 자신 있게 대답했다. 그는 심의회에서 확고부동한 능변으로 이미 20년간 닳고 닳은 은행가 행세를 하며 재정계획에 참여했다.

발레시아에서는 이탈리아 오페라에 사용할 대본이 없었다. 카사노바는 책상에 앉아서, 즉시 대본을 지어냈다. 만일 작곡까지 해 달라고 그에게 요구했다면, 그는 틀림없이 옛날 오페라들을 긁어모아 뭔가를 만들어 냈을 것이다.

러시아의 여제女帝에게는 달력 개혁자와 천문학자로 등장하고, 라트비아의 쿠를란트에서는 즉흥적으로 전문가인 체 광산을 조사했다. 베네치아 공화국에서는 비단염색을 위한 새로운 방법을 권하기도 했다. 스페인에서는 토지개혁가 및 식민지 개척자로 등장하며, 요제프 2세 황제에게도 고리대금업에 반대하는 장황한 상소문을 제출하기도 했다. 발트슈타인 공작을 위해 희극을 지어 바치기도 했으며, 공작부인을 위해서는 다이아나라는 나무와 그와 비슷한 연금술적 모조품을 만들었다. 마담 루맹에게는 솔로몬의 열쇠로 금괴를 열어 주었고, 프랑스 정부를 위해 주식을 사기도 했다. 아우크스부르크에서는 포르투갈의 사신으로 행세했으며, 볼로냐에서는 의학을 위한 소책자를 만들었다. 트리스트에서는 폴란드 제국의 역사를 집필했고, 《일리아드》를 8행시 운율로 번역했다.―단적으로 말해 약방의 감초 같은 사람은 한 가지의 특기도 없지만, 그의 다리 사이에 탈 것만 넣어 주면 무엇이든 잘 탈 줄 알았다. 우리는 그가 남긴 저서목록을 대충 훑어보기만 해도, 만능의 철학자, 새로운 라이프니츠가 부활했다고 믿게 될 것이다. 오페라 〈오디세우스와 키르케〉 외에도 두꺼운 소설책 한 권, 정육면체 두 배에 관한 시도, 로베스피에르Robespierre와의 정치토론 등이 목록에 열거되어 있다. 만약 누군가 그에게 신의 존재를 신학적으로 증명해 보라고 요구했거나, 또는 순결에 대한 찬가를 작곡하라고 요구했다면, 아마도 그는 단 2분도 망설이지 않았을 것이다.

아무튼 그의 천부적 재능은 참으로 대단했! 학문, 예술, 외교, 사업수완 등 다방면에 걸쳐서 능란했다. 이런 재능이 놀라운 경지에 도달할 만큼 충분했더라면 어땠을까? 그러나 카사노바는 의식적으로 자신의 재능을 순간적으로 파괴해 버렸다. 그 모든 것을 이룰 수도 있었지만, 아무것도 되지 않는 길을 선택했다. 그러나 그는 자유로웠다. 그를 행복하게 하는 것은 자유와 무구속적 상태였다. 어떤 직업에의 정착이나 고정적인 거처보다 마음껏 방랑하는 것이 훨씬 더 좋았다. "나를 어딘가에 매어 두려는 생각은 나에게 항상 역겨웠다. 이지적인 생활태도는 내 천성에 전혀 어울리지 않는다." 그의 참된 직업은 어떤 직업도 갖지 않는 것이라고 그는 느꼈다. 모든 직업과 학문을 적당히 맛보고, 배우처럼 매번 의상과 배역을 바꾸는 것이 자신에게 어울린다고 생각했다. 도대체 무엇 때문에 자신을 구속하는가! 그는 어떤 것도 갖거나 간직하려 하지 않았다. 그 어떤 것에 대해서도 가치를 인정하지 않았고, 어떤 것도 소유하려 하지 않았다. 왜냐하면 그의 광적인 열정은 하나의 삶이 아니라, 세상에 태어나 수백 개의 삶을 살도록 요구했기 때문이다.

카사노바는 자랑스럽게 말했다. "나의 가장 큰 보

물은 내가 나 자신의 주인이라는 것, 그리고 불행을 두려워하지 않는다는 것이다." 이 말은 그가 빌렸던 생갈트의 기사라는 칭호보다 그를 더욱 귀족처럼 보이게 하는 남자다운 구호였다. 그는 다른 사람들이 자신에 관해 어떻게 생각하는지 전혀 개의치 않았다. 그는 도덕의 울타리를 넘어서서 매혹적인 태평세월을 보냈다. 하지만 휴식하거나 쾌적하게 시간을 보낼 때가 아니라, 오로지 도약하거나 내몰릴 때에만 그는 현존의 쾌감을 느꼈다. 그 모든 장애를 벗어나 가볍고 즐겁게 세월을 보낸 덕분에 카사노바는 모든 것을 하늘에서 내려다보듯 지상에서 착하게 살아가는 모든 사람들이 정말 가소롭게 여겨졌다. 그들은 한 가지 일, 매번 동일한 일에 자신을 따뜻하게 감싸 넣는 자들에 불과했다. 콧수염을 기르고 군도軍刀를 찰카닥거리지만, 장군의 호통에 무릎을 꿇는 병사들이나, 종이를 한 장 한 장 먹어 치우는 책벌레 같은 학자들, 돈 자루 위에 앉거나 돈 궤짝 앞에 앉아서 불안에 떨며 밤을 지새우는 수전노들도 카사노바에게는 가소로웠다. 그 어떤 지위, 토지, 호화찬란한 의복도 그를 유혹할 수 없었다. 어느 여인의 따뜻한 가슴이나 어느 지배자의 국경선도 그를 잡아 둘 수 없었다. 지루한 직업생활은 더더욱 말할 것도 없었다. 여기서도 그는 모든 감옥을 용감하게 부수고, 인생을 시시하게 보내기보다는 오히려 모험적으로 살고자 했다. 행복할 때는 오만하게, 불행할 때에는 침착하게, 언제 어디서나 용기와 자신감을 가지고 살고자 했다. 그도 그럴 것이 용기란 카사노바의 삶의 예술에서 가장 중요한 핵심, 최고의 재능이었기 때문이다. 그의 재능 중의 재능은 안전하게 사는 것이 아니라, 위험을 무릅쓰고 사는 것이다. 그리하여 조심스럽게 살아가는 수많은 사람들 한가운데에서 돌연 한 사람이 자신의 모든 것을 걸고, 그 모든 기회를 잡기 위해 몸을 던진 것이다.

그러나 운명은 부지런한 사람보다는 불손한 모험가에게, 인내하는 사람보다는 무례한 자에게 더 많은 것을 선사했다. 운명은 전체 종족에게보다는 이 무절제한 사람에게 더 많은 것을 배려해 주었다. 운명은 카사노바라는 자를 붙잡아 위아래로 던지고, 유럽 전역으로 굴러다니게 했으며, 그를 위로 치솟게 하다가도 도약하는 그의 발을 걸어 넘어뜨렸다. 운명은 그에게 여인을 양식으로 주었으며, 노름판에 빠진 바보로 만들었다. 운명은 그를 열정의 불로 자극하고, 성취감을 맛보도록 기만했다. 운명은 그를 끈질기게 따라다니며 권태에 빠지지 않도록 해 주었고, 언제나 지칠 줄 모르는 그에게 끊임없이 일거리를 가져다주었다. 유희의 동행자인 그에게 새로운 전환과 모험을 선사했다. 그리하여 수백 년에 한 번 나올까 말까한 그의 삶은 넓고 화려하게, 다양하고 변화무쌍하게, 환상적으로 다채롭게 채색되었다. 이제 카사노바는 이런 자신의 삶을 보고함으로써, 불멸의 시인들 가운데 한 사람이 되었다. 하지만 그의 의지가 아니라, 삶 자체의 의지를 통하여 이렇게 된 것이었다.

현세의 철학

나는 철학자로 살았다.
-카사노바 최후의 말

영혼의 무게가 작을수록 삶의 유동하는 폭은 더 넓어지게 마련이다. 카사노바처럼 재빠르고 민첩하게 물 위에서 춤을 출 수 있으려면, 무엇보다 코르크처럼 가벼워야만 한다. 자세히 관찰하면, 수없이 감탄을 받아온 그의 삶의 예술의 특징은 어떤 특별한 긍정적 미덕과 힘에 있는 것이 아니라, 부정적인 것에 기인한다. 그는 일체의 도덕적, 윤리적 억압에서 벗어나 전혀 부담감을 갖지 않는다. 힘차게 피가 끓는 이 열정적인 인간을 우리가 심리학적으로 샅샅이 해부해 보면, 우선 그에게는 윤리적 기관들이 전혀 없음을 확인하게 된다. 심장, 허파, 간, 피, 뇌, 근육 그리고 정삭精索에 이르도록 그 모든 것은 아주 튼튼하고 정상적으로 잘 발달되어 있다. 그러나 영혼의 한 지점, 모든 윤리적 특성과 확신들이 신비하게 성격을 형성케 하는 바로 그 지점만은 완전한 진공상태, 아무것도 없는 빈 공간이라는 사실에 우리는 놀라지 않을 수 없다. 산과 알칼리, 유엽도와 현미경을 사용해 보아도, 이 건장한 유기체에서 소위 양심이라고 부르는 그런 실체의 흔적을 우리는 증명할 수가 없다. 하지만 이것으로 카사노바의 경쾌함과 천재성의 비밀이 설명된다.

이 행복한 인간은 감각만을 지니고 있었을 뿐, 영혼은 소유하지 않았다. 다른 사람들에게는 성스럽고 중요해 보이는 것이 그에게는 티끌만큼도 가치가 없었다. 그에게 도덕적 또는 시간적 제약 따위를 설명하려고 노력해도, 흑인이 형이상학을 이해하는 만큼도 그는 알아듣지 못했다. 조국에 대한 사랑?—73년간 거처도 없이 늘 발길 닫는 대로 살아온 이 세계시민은 애국주의를 혐오했다. 그는 자기 주머니를 가득 채우고, 여인들을 쉽게 침대로 유혹할 수 있는 곳이면 다리를 책상 밑으로 쭉 펴고 집처럼 안락하게 느꼈다. 종교에 대한 존경심?―만일 신앙고백이 그에게 눈곱만큼만 이익을 준다면, 그는 그 어떤 종교도 받아들여 머리도 깎고, 심지어 중국식으로 변발을 땋아 늘어뜨릴 수도 있었을 것이다. 도대체 피안을 믿지 않고, 따뜻하고 거친 현세만을 아는 그에게 종교가 무슨 소용이었겠는가? "저 뒤에는 아마 어떤 것도 존재하지 않을 것이다. 아니면 적절한 시기에 그것을 경험하게 될 것이다." 이렇게 카사노바는 전혀 흥미 없다는 듯 태연하게 논박했다. 그는 단호하게 모든 형이상학적 거미줄을 끊어 버렸다! 하루를 즐기고, 매 순간을 확실하게 붙잡아라. 포도송이처럼 단물을 빨아먹고, 그 찌꺼기는 돼지들에게 던져 버려라. 이것이 카사노바의 유일한 원칙이었다. 그는 엄격하게 감각세계만을, 눈에 보이고 도달할 수 있는 것만을 고수했다. 매 순간마다 달콤한 향락의 최절정을 손으로 꾹꾹 눌러 짜냈다.

　카사노바의 철학은 조금도 한계를 넘는 법이 없었다. 이 때문에 그는 직접적인 것으로의 자유로운 흐름을 방해하는 명예, 예의, 의무, 수치심, 신의와 같은 그 모든 윤리적, 시민적 겉치레들을 웃으며 던져버릴 수 있었다. 명예라고? 카사노바가 명예를 가지고 무엇을 시작할 수 있단 말인가? 그는 살찐 펄스탭 Falstaff의 명예란 먹지도 마실 수도 없는 것이라는 확고한 신념과 견해를 같이 했다. 영국의 용감한 국회의원이었던 펄스탭은 언젠가 의회심의에서 다음과 같이 묻고 주장한 바 있었다. 즉 사후 명성에 관해 노상 이야기들 하는데, 그것이 대체 영국의 복지 및 안녕을 위해 무슨 일을 했는지 알고 싶다. 명예란 향유되는 것이 아니라, 각종 의무와 책임감을 통해 향유를 가로막는다. 그러므로 명예란 쓸데없는 것이다. 카사노바는 의무와 책임감 따위만큼 세상에서 싫은 것이 없었다. 그가 알고 있고 인정하는 의무란 오직 편안하고 자연스러운 것, 그의 튼튼한 육체에 기쁨을 주고, 여인들에게도 가능한 한 최고의 쾌감을 듬뿍 선사하는 것이었다. 이 때문에 그는 자신의 뜨겁게 달아오른 현 상태가 다른 사람들에게 좋은지 나쁜지, 신맛인지 단맛인지, 또 자신의 행동이 불명예스럽고 파렴치하게 보이는지 절대로 묻지 않았다.

수치심? 뭐 이렇게 해괴망측한 낱말인가! 정말 이해할 수 없는 개념이다! 그렇다, 수치심이라는 어휘는 그의 인생 백과사전에는 완전히 빠져 있었다. 카사노바는 라차로니Lazzaroni처럼 태연하게 군중들 앞에서 바지를 내리고, 파안대소하며 자신의 성기를 보여 주었다. 다른 사람 같으면 고문대에서도 인정하지 않을 사기행각, 불발로 끝난 사건들, 치욕스런 일, 성기의 파손과 매독치료 등을 그는 거침없이 크게 떠벌였다. 그럴 수밖에 없는 것이 그의 몸에는 윤리적 차이를 구분해 내는 신경조직, 윤리적 복합체를 위한 기관이 전혀 없었기 때문이다. 사람들이 그에게 사기꾼이라고 비난하면, 그는 어안이 벙벙해져서는 이렇게 대답했다. "그래요, 하지만 당시에 나는 돈이 없었거든요!" 그리고 그에게 여자를 유혹한 일에 대해 죄과를 물으면, 그는 웃으면서 이렇게 대답했다. "그 여자 시중을 들었을 뿐이라오!" 성실한 시민들의 호주머니에서 저축한 돈을 빼앗아 놓고도 미안하다는 말 한 마디 하지 않았다. 반대로 그는 회고록에서 자신의 사기행각을 냉소적인 어투로 강조했다. "어리석은 사람을 속인다면, 우리는 이성에 복수하는 것이다." 그는 자신을 변호하지 않았고, 후회도 하지 않았다. 성회聖灰의 수요일에 엉망이 되어 버린 삶, 은행 파산으로 끔찍한 빈곤과 예속으로 끝나게 된 삶을 한탄하는 대신에, 이빨 빠진 오소리 신세의 카사노바는 뻔뻔하면서도 매혹적인 글을 썼다. "내가 현재 부자라면, 나는 내 죄를 인정하겠다. 그러나 난 무일푼이며, 가진 것을 다 써 버렸다. 이런 사실이 내게는 위안이며, 나를 정당화한다."

이렇게 카사노바의 철학은 호두 속에 들어 있는 것처럼 안락했다. 그의 철학은 다음과 같은 규정으로 일관해 있었다. 즉 근심 없이 자발적으로, 현세의 삶을 살아갈 것. 가능하다 해도 지극히 불확실한 천국에 대한 전망으로 자신을 속이지 않을 것. 어떤 희한한 신이 우리에게 세계라는 도박판을 만들어 주었으니, 우리는 여기서 즐거워하고, 그 도박 규칙을 있는 그대로, 그것이 옳든 그르든 받아들여야만 한다는 것. 실제로 카사노바는 이 세계의 변화가능성 내지 변화의 당위성에 관해 이론적으로 숙고하느라고 1초도 소비하지 않았다. "인류를 사랑하시오, 그러나 있는 그대로의 인간을 사랑하시오"라고 그는 볼테르와 대화했다. 그는 저 희한한 일에 책임을 지는 조물주와 그 조물주의 낯선 용무에 끼어들지 않았다. 오래된 반죽을 건드리지 않음으로써 손을 더럽히지 않았고, 더 간단하게 이 반죽에서 재빠른 손놀림으로 건포도 알만 빼먹었다. 바보들이 잘못되는 것은 카사노바에게 지극히 당연했다. 신이 설령 영리한 자들을 다시 돕지 않을지라도, 스스로 돕는 것은 그들 자신에게 달려 있었다. 어떤 자는 비단 양말에 마차를 타고 다니고, 어떤 자는 누더기를 걸치고

굶주림에 떨도록 세계가 어차피 그렇게 기형으로 만들어졌다면, 이제 저 마차에 스스로 올라타는 것은 분별력 있는 자에게는 유일한 과제일 수 있었다.

그는 한 번도 분노를 터뜨리지 않았고, 그 옛날 욥처럼 신을 향해 왜냐고 불손한 질문을 해 본 적도 없었다. 그는 모든 사실을—정말 효율적으로 감정을 절제했다—선악의 꼬리표를 달지 않고 단순히 있는 그대로 받아들였다. 15세의 작고 더러운 네덜란드의 오모르피는 이가 들끓는 침대에 누워서 불과 2탈러에 순결을 팔려고 했지만, 2주일 뒤에는 독실한 기독교 신자인 왕의 애첩이 되어, 사슴공원이 있는 궁에서 온통 보석으로 치장하며 살다가, 곧바로 어느 호의적인 남작의 부인이 되었다. 이 남작 역시 얼마 전에는 베네치아의 변두리에서 거리의 불쌍한 악사 노릇을 했지만, 얼마 뒤에는 명문가의 양아들이 되어, 손에는 다이아몬드가 번쩍이는 부유한 청년으로 돌변하였다. 카사노바는 조금도 흥분치 않고 이런 일을 호기심을 자아내는 일이라고 기록했다. 그렇다,

완전히 불공평하고 계산할 수 없는 것이 세상인 것이다. 바로 이런 세상이 영원히 존속할 것이기에, 만유인력의 법칙이나 미끄럼틀을 위한 복잡한 기계구조를 구성하려고 노력할 필요도 없는 것이다. 사람들은 손톱으로 할퀴고 주먹으로 때려 빼앗으려 한다. 이것이 바로 지혜인 것이다. 우리는 인류를 위해서가 아니라 오직 자신만을 위해서 철학을 해야 한다. 이런 것이 카사노바가 의도한 것이었다. 파도처럼 강하고, 탐욕스럽고, 단호해야 한다. 다음 시간을 고려함이 없이 물밀듯 다가오는 순간을 재빨리 포착하여 그것을 모조리 소모해야 한다. 살아 숨 쉬는 것만이, 쾌락에는 쾌락으로 응수하고, 뜨거운 살결에는 열정과 애무로 화답하는 것만이 이 확고한 반反형이상학자 카사노바에게 정말 실제적이며 흥미롭게 생각되었다.

이렇게 카사노바의 세상에 대한 호기심은 오직 유기적인 것, 인간에 기초해 있었다. 그는 평생 단 한 번도 생각에 잠겨 밤하늘의 은하수를 쳐다본 적이 없었을 것이다. 이미 자연은 완전히 그의 관심 밖에 있었다. 성급히 뜨거워지는 그의 심장은 고요하고 장엄한 자연에 감동되어 불타오를 수 없었다. 우리는 16권에 이르는 그의 회고록을 한 번 들여다볼 필요가 있다. 그곳에는 눈매가 날카롭고, 냉철한 감각의 인간이 유럽의 가장 아름다운 고장들, 포시리프에서 톨레도에 이르기까지, 제네바 호수에서 러시아 초원까지 여행을 한다. 그러나 이 수많은 경관의 아름다움에 감동하여 지은 단 한 줄의 글을 찾는 일도 헛수고가 되고 만다. 군인들이 가득한 선술집 구석의 작고 더러운 접대부가 미켈란젤로의 어떤 예술품보다 그에게는 더욱 소중했다. 공기가 탁한 어느 주점에서의 카드놀이가 소렌토의 일몰 광경보다 더 아름다웠다. 자연이나 건축물 같은 것은 조금도 카사노바의 머릿속에는 없었다. 왜냐하면 그에게는 우리를 우주적으로 맺어 주는 유기체와 영혼이 완전히 결여되어 있었기 때문이다. 그에게 세계란 오로지 화랑과 산책로가 있는 도시들이었다. 저녁이면 마차들이 굴러가기 시작하고, 어둡게 흔들리는 미녀들의 보금자리가 될 수 있는 곳이 바로 카사노바가 아는 세계였다. 그곳에는 카페들이 기분 좋게 기다리며, 호기심 많은 자들을 골탕 먹이도록 도박판이 준비되어 있었다. 또한 오페라와 사창가가 유혹의 손을 내밀고 있어서, 원하기만 하면 재빨리 여인과 하룻밤을 보낼 수도 있었다. 그 밖에도 요리사들이 각종 소스와 요리를 만들면, 백포도주와 적포도주를 마시며 음악을 듣는 음식점들도 있었다.

도시만이 이 쾌락적 인간을 위한 세계였다. 거기에는 그의 구미에 맞는 형태로 다수의 여인들이 살고 있었다. 물론 여인들의 수는 늘 변화했다. 그는 도시의 한가운데에 살면서 호화로운 궁정의 분위기를 좋아했는데, 그곳에서는 쾌락적인 것이 예술적인 것으로 승화될 수 있었기 때문이다. 그가 어느 누구도 따를 수 없을 만큼 관능적이기는 했어도, 이 넓은 가슴의 카사노바는 결코 거친 감각의 인간은 아니었다. 그는 음악성이 풍부한 아리아에 매료되었고, 시

한 수로 행복에 잠기기도 했으며, 교양 있는 대화에
주흥이 일기도 했다. 박식한 남자들과 책에 대해 이
야기하거나, 한 여인에게 흠뻑 빠지기도 하고, 어두
운 관람석에서 음악을 감상하는 것, 바로 이런 것이
마술처럼 현존의 쾌감을 무한히 상승시켰다. 그러나
우리는 이 때문에 착각해서는 안 된다. 카사노바의
경우 예술에 대한 사랑은 유희적인 것, 그저 즐기려
는 애호가의 기쁨을 넘어서지 못했다. 그에게는 정
신이 삶의 시중을 들어야 하고, 삶이 정신의 시중을
드는 것이 아니었다. 따라서 그는 예술을 단지 최음
제, 감각을 흥분시키는 미약, 육체적 향락을 위한 부
드러운 전희로 간주했다. 카사노바는 그를 열망하는
귀부인에게 시 한 수와 양말대님을 함께 건넸으며,
그녀를 열정에 휩싸이도록 아리오스토Ariosto를 낭송
했다. 그런가 하면 기사들과는 볼테르나 몽테스키외
에 관해 담소하곤 했는데, 이는 지식인임을 입증하
고, 궁극적으로는 그들의 지갑을 교묘하게 털기 위
해서였다.─물론 남부 출신의 이 감각주의자는 예술

과 학문이 자기목적이자 세계의 의미가 될 만큼 그에 대한 이해의 수준이 높지 않았다. 이 유희적 인간은 표면적인 것, 순간과 빠른 변신의 인간만을 원했기 때문에, 어떤 것에서든 본능적으로 깊이를 바라지 않았다. 그에게 변화란 "만족의 소금"이며, 만족은 다시 이 세계의 유일한 의미였다.

따라서 카사노바는 하루살이처럼 가볍고 비눗방울처럼 투명하게, 사건들이 반사해 낸 빛을 반짝이며 이 시대를 흔들고 지나갔다. 일찍이 어느 누구도 그처럼 이 시대의 특성과 부단히 변화하는 영혼의 형상을 제대로 포착하지 못했다. 어느 누구도 그처럼 성격으로부터 영혼의 핵심을 분리해 내지도 못했다. 카사노바는 도대체 어떤 인간이었을까? 선인 또는 악인? 정직한 인간 또는 거짓된 인간? 영웅 아니면 건달? 자, 이제 밝혀 볼 때가 왔다. 그는 상황에 따라 변색하고, 변화를 거듭했다. 돈 문제에 관해 그보다 더 고귀한 기사를 찾아낼 수 없었다. 카사노바는 매혹적인 오만과 고상한 태도로, 고위 성직자처럼 사랑스럽게, 귀족처럼 느긋하게, 두 손 가득 돈을 들어 흥청망청 뿌렸다. "절약은 나와는 상관없다." 그는 흡사 귀족출신의 후견인인 양 처음 보는 사람조차 식사에 초대하여, 돈 상자와 금화 꾸러미를 선물하거나, 때로는 보증까지 서 주어 그 사람을 황홀경에 빠뜨렸다. 그러나 비단옷 속의 주머니가 헐렁해지고, 지갑 속에서 지불되지 않은 어음들이 부스럭거리면, 사태는 돌변했다. 그렇다, 이럴 경우 나는 카드를 하는 저 신사에게 돈을 걸지 말라고 충고할 것이다. 정말이지 그는 좋은 성격도, 나쁜 성격도 아니었다. 이런 것과는 상관없었다. 그의 행동에는 도덕적 기준 따위는 없었다. 요컨대 그는 천부적으로 비도덕적인 인간이었다. 그의 모든 결정들은 타고난 순발력에 따라 매끄러웠고, 그의 반사적인 행동은 이성, 논리, 도덕과 전혀 무관하게 신경조직과 혈관에서 흘러나왔다.

그가 여인의 낌새를 느꼈을 때면, 미친 듯이 혈관이 박동하며 맹목적으로, 자신의 기질이 이끄는 대로 달려 나갔다. 도박판을 보기만 하면, 그의 손은 어느새 호주머니 속으로 들어가 있었고, 자신도 모르는 사이에 그의 돈이 도박판 위에서 짤랑거리기 일쑤였다. 화가 치밀어 오르면 핏줄이 빳빳이 서고, 쓰디쓴 침이 입 안에 고였으며, 두 눈은 충혈된 채 주먹을 불끈 쥐고 분노를 향해 돌진했다. 그의 형 벤베누토 첼리니Benvenuto Cellini가 말했듯이 화가 난 그의 모습은 미처 날뛰는 황소 같았다. 카사노바는 이렇게 외쳤다. "나는 나 자신의 극복에 성공한 적이 없었고, 앞으로도 그럴 것이다." 그는 심사숙고하거나 앞일을 예상하지도 않았다. 오히려 곤궁에 처했을 때에야 비로소, 간교하고도 천재적인 영감이 갑자기 떠올라 위기를 모면하곤 했다. 그는 아주 작은 행동조차도 미리 계획하거나 계산하지 않았다. 그렇게 하기에는 너무 참을성이 없었던 것으로 보인다. 이런 면은 그의 회고록에서 무수하게 확인되었다. 말하자면 그의 결정적 행위들, 아주 어리석은 장난이나 교묘한 사기행각은 돌발적인 기분의 동시폭

발에서 나온 것이지, 결코 정신적 계산에서 비롯된 것은 아니었다. 그는 어느 날 단숨에 수도원장의 옷을 벗어 던지고, 돌연 충동적으로 군인이 되어 적지에서 포로가 되기도 했다. 그는 단순히 기분에 따라 러시아나 스페인으로 여행을 떠났다. 뚜렷한 직책이나 추천도 없이, 이유와 목적을 자문해 보지도 않은 채 여행길에 올랐다. 그의 모든 결정들은 뜻밖에 발사된 총알처럼 자신의 신경조직, 기분, 참을 수 없는 권태에서 비롯되었다. 하지만 바로 그런 대담한 무계획성 덕분에 그의 체험세계가 아마도 충만해질 수 있었을 것이다. 그도 그럴 것이 보다 논리적으로 점잖게 묻고 계산하면, 모험가가 될 수 없으며, 전략적 체계로는 그토록 환상적인 삶의 대가가 될 수 없었기 때문이다.

그러므로 카사노바처럼 뜨거운 충동적 인간을 희극 및 소설의 주인공으로 삼으려던 그 모든 작가들의 특별한 노력은 완전히 공염불에 불과했다. 그처럼 깨어 있는 영혼에 대하여 숙고적인 면이나 파우스트-메피스토의 성향을 심으려는 노력은 무모한 시도였다. 그의 매력과 도약의 힘은 오로지 숙고하지 않는 태도, 즉 비도덕적 태만의 결과였다. 그의 혈관 내에 세 방울의 감상성을 짜서 넣는다면, 지식과 책임이라는 부담감 때문에 그는 더 이상 카사노바가 아니었다. 만일 그를 진지한 서생차림으로 분장하거나 양심으로 그를 억압한다면, 그의 피부는 낯설어 소름이 끼칠 것이다. 왜냐하면 이 느슨한 현세의 아들은 철두철미 광적인 인간으로서, 단순과 권태라는 악마를 참을 수 없었기 때문이다. 그가 만일 광적인 인간이 아닌 경우는 그를 충동하는 광기가 시민의 이름으로 지극히 평범한 얼굴을 내보일 때뿐이었다. 내적으로는 공허했기에 그는 끊임없이 삶의 재료를 끌어 모아야만 했다. 그러나 부단히 모든 것을 가지려는 그의 의지는 끝없는 갈증으로 온 나라와 제국을 탐하던 현실적 강탈자 나폴레옹의 광기와는 거리가 멀었다. 또한 카사노바의 의지는 모든 여자들을 유혹할 수 있다고 느낌으로써 여자의 세계, 이 다른 무한성의 세계를 독점할 수 있다고 믿었던 돈 후안의 광기와도 성격을 달리했다.—단순한 향락자인 카사노바는 최정상의 경지를 추구한 적이 없었고, 다만 만족감이 지속되길 원했다.

특히 카사노바는 홀로 있는 것, 빈 공간의 차가움 속에서 고독하게 떨고 있는 것만은 원치 않았다. 고독을 무척이나 싫어했다! 그를 재미있게 해 줄 노리개가 없는 경우, 우리는 그가 적막감에 사로잡혀 불안에 떠는 것을 관찰할 수 있다. 그는 저녁마다 낯선 도시를 찾아다녔고, 그랬기에 저녁 무렵에는 단 한 시간도 자기 방에 혼자 있거나 책을 읽지 않았다. 우연히 그에게 재밋거리를 선사할 바람이라도 불어오지 않을까, 요컨대 웬 처녀가 하룻밤 따뜻한 가슴으로 봉사하지나 않을까 하고, 그는 사방으로 코를 킁킁거렸다. 그는 지하 선술집에서 우연히 만난 손님들과 잡담을 하고, 도박꾼들이 사기를 칠 때마다 제동을 걸기도 하고, 비천한 창녀와 하룻밤 자기도 했다. 내적인 공허함 때문에 그는 더욱 강렬하게 생동하는 것, 인간들 곁으로 다가갔다. 다른 인간들과 살을 부딪쳐야만 그의 활력이 불타올랐기 때문이다. 홀로 있는 그는 가장 우울하고 권태로운 사내들 가운데 하나였을 것이다. 우리는 이런 점을 그의 저서에서(회고록은 제외하고) 알아차릴 수 있다. 그는 권태를 "단테가 묘사하기를 잊어버린 지옥"이라고 말한 바 있는데, 이로 미루어 우리는 둑스에서 보낸 그의 고독한 세월에 대해 알 수 있는 것이다. 만일 그가 팽이처럼 회초리를 맞아 가며 계속 돌지 않았다면, 그는 바닥에 비참하게 자빠지고 말았을 것이다. 이처럼 카사노바는 도약을 위해 외부의 자극적 충동을 필요로 했다. 그는 (다른 수많은 모험가들처럼) 창조적 힘이 부족한 모험가였다.

이 때문에 그는 삶의 자연스런 긴장이 중단될 때면, 곧바로 도박이라는 인위적인 긴장을 끌어들였다. 왜냐하면 도박은 아주 단시간 내에 삶의 긴장을 반복했으며, 인위적 위험과 운명의 축소판을 만들어냈기 때문이다. 따라서 도박은 순간을 위해 살아가는 인간들의 도피처이자, 한가한 자들의 영원한 흥밋거리였다. 도박 덕분에 짜릿한 감정의 밀물과 썰물이 폭풍처럼 솟아났다. 도박은 내면적으로 공허한 자들에게 그 무엇과도 대치할 수 없는 일과였다. 카사노바는 어느 누구보다 도박에 깊숙이 빠져들었다. 여인을 보면 욕정을 참을 수 없었듯이, 돈이 노름판 위에서 뒹구는 것을 보면 손가락이 경련하듯 호주머니 밖으로 튀어나왔다. 그는 물주가 유명한 약탈자로서 사기도박의 명수임을 알아보았고, 또 그와의 도박에서 질 것을 뻔히 알면서도, 남은 돈 전부를 베팅하는 모험을 감행했다. 어떤 것도 그의 도박에 대한 열광, 무절제하고 멈출 줄 모르는 광기를 이처럼 명백하게 보여 주지 못했다. 다시 말해 그 역시 약탈자이긴 했지만, 가장 불운한 기회조차 자제하며 판을 거둘 수 없었기에, 계속 돈을 빼앗기기 일쑤였다. 한 번이 아니라 스무 번, 백 번씩이나 가까스로 벌어들였던 판돈을 거듭 새로운 도전의 기회 때문에 몽땅 잃고 말았다. 그러나 바로 이 때문에 그는 진정한 도박꾼 중의 진짜 도박꾼으로 낙인찍혔다.

카사노바는 이기기 위해 (얼마나 지루할까!) 도박을 하는 게 아니라, 놀이를 위해 도박을 즐겼다. 그는 승패를 끝냄으로써 긴장을 완화하려고 한 것이 아니라, 지속적인 긴장 상태를 유지하려 했다. 빨강과 검정, 다이아와 에이스 등 단시간 내에 승부가 갈리는 영원한 모험의 열기, 바로 이런 분위기 속에 있어야 그는 자신의 신경이 살아 움직임을 비로소 감지했고, 열정이 끓어넘치는 것을 느낄 수 있었다. 심장의 수축과 확장, 뜨거운 공기의 들이쉼과 내쉼처럼 그는 도박판에서의 승패, 여성을 정복하고 버리는 것과 같은 치열한 대립관계를 필요로 했다. 말하자면 그에게는 빈곤과 부의 대립과 같은 무한히 연장된 모험이 필요했다. 화려한 삶조차도 돌발적 사건이나 변고로 간격이 생기게 마련이므로, 그는 이 빈 휴식기간을 카드라는 운명의 인위적 긴장으로 채우고자 했다. 그리고 광적인 도박 덕분에 그는 위에서 아래로 곤두박질치며 무無의 나락으로 떨어지고 말았다. 어제는 아직 호주머니에 금이 가득한 귀족으로서 의전마차 뒤에 시종이 둘이나 있었지만, 오늘은 벌써 그의 다이아몬드들도 어느 유태인에게 팔리고, 바지는 취리히의 전당포에 잡혀 있었다.—이는 농담이 아니다. 그 영수증이 발견되었다!

그러나 모험의 황제는 바로 이와 같은 삶을 원했던 것이다. 행복과 절망의 갑작스런 폭발로 찢겨 나가는 삶을 말이다. 이를 위해 그는 늘 자신의 격렬한 존재를 최후의 담보로 삼아 운명을 향해 내던졌다. 그는 열 번이나 결투하면서 하마터면 죽을 뻔했고, 열두 번씩이나 감옥행 내지 노예선에 끌려갈 뻔했으며, 수백만의 홍수가 그를 덮치고는 사라졌다. 하지만 그는 단 한 번도 손을 구부려 물 한 방울 적시지 않았다. 그는 언제나 도박과 여자, 순간과 모험에 매번 전력을 다했다. 이 때문에 그는 어느 은퇴자의 재산으로 연명하는 비참한 거지가 되어 죽음을 맞이했다. 이로써 마침내 카사노바는 최고의 삶, 무한히 충만한 삶을 얻게 되었다.

호색가

내가 일찍이 유혹했던가? 아니다, 난 그 자리에 있었다.
자연이 달콤한 마술로 자신의 작품을 막 시작했을 때,
나 역시 자리를 뜨지 않았다.
영원히 나의 가슴은 그 모든 자연에게 감사하고 있었기 때문이다.
-아르투어 슈니츨러Arthur Schnitzler의 《스파의 카사노바Casanova in Spa》에서

카사노바는 모든 분야에 걸쳐서 훌륭한 예술애호가였으나, 수준은 대체로 형편없었다. 그는 엉성한 시구와 최면의 철학론을 썼고, 바이올린 켜는 솜씨도 그저 평범했으며, 외국어 회화도 기껏해야 백과전서파처럼 대화를 나누었다. 처음부터 그가 더 두각을 나타낸 것은 악마가 창안했을 잡기들이었다. 예컨대 파라오 게임, 카드놀이, 숫자 맞추기, 주사위 던지기, 도미노 게임, 사기도박, 연금술과 외교술에 있어서는 훨씬 더 빼어난 이해력을 보였다. 그러나 무엇보다 사랑의 유회에 있어서만은 가장 탁월한 마

술사 또는 대가였다. 여기서 그의 수백 가지의 부족하고 단편적인 재능들이 창조적 화학반응에 따라 완벽한 호색가의 순수한 원소와 결합하였다. 이 서투른 애호가는 색정에 있어서만큼은 반박의 여지없이 천재였다. 애초부터 그의 육체는 사랑의 여신 아프로디테Aphrodite에게만 봉사하도록 창조된 것 같았다. 다른 일이라면 쳐다보지도 않았을 그의 천성은 사랑에 관해서만은 예외적으로 탐욕스럽게, 주먹을 불끈 쥐고 냄비 속에 손을 집어넣고는, 즙과 감각, 힘과 아름다움 등 그 모든 것을 탈취했다. 그리하여 여인들에게 기쁨을 주는 진짜 사내가 생겨났던 것이다. 수컷, 사나이, 남자, 뭐라고 칭해야 할지 모르겠지만, 가장 중요한 것은 그가 탄탄하고 강인하면서도 열정적인 남성의 표본이라는 사실이다. 카사노바라는 정복자를 당시의 유행처럼 날씬한 몸매의 유형으로 생각한다면, 그것은 잘못된 생각이다. 이 미남은 결코 예쁜 청년이 아니라, 헤라클레스의 딱 벌어진 어깨에 로마의 레슬러처럼 근육질의 육체를 지닌 남성다운 남성이었다. 집시소년처럼 아름다운 갈색 머리를 가졌으면서도 용맹하게 돌진하는 용병의 모습을 연상시키며, 격정에 사로잡힌 채 머리카락을 휘날리는 숲의 신과도 같았다.

카사노바의 육체는 강철과 같았고, 넘치는 힘으로 충만해 있었다. 네 번의 매독, 두 번의 약 중독, 열두 곳의 칼자국, 악취 풍기는 스페인 감옥과 그 양철지붕 밑에서 지낸 처참한 세월들, 무더운 기후의 시칠리아에서 혹한의 모스크바로 향한 갑작스런 여행들, 이 모든 것들은 그의 남근의 힘과 효력을 조금도 훼손하지 않았다. 언제 어디서든 불꽃처럼 타오르는 눈빛이나 여인과의 가벼운 접촉만 있어도 그 기능은 충분했다. 어느새 무적의 남근은 불길에 싸여 작동하기 시작했다. 그는 숨 가쁘게 살아온 25년 동안 이탈리아 익살극의 단골 메뉴인 저 전설의 칼을 잘 보존하면서, 여성들에게는 가장 유능한 정부로서 더 고단수의 수학을 끊임없이 가르쳤다. 그런데 그의 심기를 사납게 하는 잠자리에서의 악평을(스탕달은 그의 논문 《사랑L'Amour》에서 그 중요성을 인정하여 독립된 장章을 할애하고 있다) 나이 마흔까지는 소문이나 풍문으로만 알고 있었다. 욕정이 치밀어 오르거나 그치지 않으면, 지칠 줄 모르는 그의 육체는 모든 여성의 동태를 민감하게 살피며 호시탐탐 기회를 노렸다. 카사노바는 격정적인 소모에도 불구하고 마르지 않는 정열, 어떤 담보도 꺼리지 않는 유희충동의 소유자였다. 실로 이 색정의 대가만큼 천부적으로 완벽한 현으로 된 육체라는 악기, 평생 동안 유희를 즐기도록 사랑의 비올라를 선사받은 사람은 거의 없을 것이다.

그러나 이 대가다운 솜씨는 그것이 제대로 유지되기 위해서는 특별한 담보, 즉 완전한 헌신과 철저한 집중을 요구했다. 하나의 충동만이 열정의 극대화에 이를 수 있으며, 한 방향으로의 집중만이 가장 완벽한 능력을 이루어 낼 수 있었다. 음악가에게는 음악, 작가에게는 형상화, 수전노에게는 돈, 운동의 마니아에게는 기록이 중요한 법이다. 마찬가지로 호색에 완벽한 가치를 부여하는 사람에게는 여인과 구애, 갈망과 소유가 가장 소중하고 유일한 세계재화로 변해야 했다. 그는 수많은 여인들의 질투 사이에서 단지 한 여인에게만 열정을 바쳐야 했다. 그럼으로써 그 열정에 내재한 세계의 의미와 무한성을 파악할 수 있었다. 거의 모든 면에서 충실하지 않았던 카사노바는 여성을 향한 정열에서 만큼은 늘 충실했다. 만일 그에게 베네치아 공화국 총독의 반지나 푸거 가문의 보물들, 귀족의 작위, 집과 관직, 장군직이나 시인의 명성을 준다고 제의했어도, 새로운 여인의 살결을 위해서라면 그는 태연히 이 겉만 번지르르한 것, 어리석고 무가치한 것들을 몽땅 내던져 버렸을 것이다. 차라리 그는 무엇으로도 대치할 수 없는 달콤한 눈빛, 순순히 가슴에 안기는 순간을 선택했을 것이다.

카사노바는 사랑의 모험을 위해서라면 이 세상의 모든 약속들, 명예와 지위, 품위를 파이프담배 연기처럼 날려 버렸다. 심지어 모험의 시도가 가능성에 불과할지라도 그랬다. 왜냐하면 이 호색가는 자신의 욕망을 채우려고 사랑에 빠질 필요까지는 없었기 때문이다. 이미 어떤 예감, 잡힐 듯 잡힐 듯 다가오는 모험의 바스락거리는 소리가 그의 상상에 불을 지폈다. 이런 수백 가지의 사례에서 하나만 예를 들어보자. 카사노바가 아주 시급한 용무로 속달우편을 가지고 나폴리로 여행하는 에피소드가 제2권 서두에 등장한다. 이때 여행 도중에 여관에 투숙한 그는 우연히 옆방 침대에서 아름다운 여인을 보게 되었다. 그녀의 곁에는 헝가리 출신의 대위가 누워 있었다. 그런데 정말 기가 막힌 사실은 당시에 그 여인이 아름다운지 아닌지는 알 수 없었다는 점이다. 침대보 밑에 숨겨진 여인을 그는 전혀 볼 수 없었기 때문이다. 그는 단지 젊은 여인의 웃음소리를 들었을 따름이었다. 하지만 바로 그 여인의 웃음소리가 그의 콧구멍을 떨게 했던 것이다. 그는 이 여인에 관해서는 아무것도 알지 못했다. 그녀가 매혹적인지, 아름다운지 추한지, 젊은 여자인지 늙은 여자인지, 순

종적인지 반항적인지, 자유로운지 아니면 결혼을 했
는지, 아는 것이 하나도 없었다. 그럼에도 불구하고
그는 본래의 중요한 용무조차 포기해 버렸다. 그는
이미 떠날 준비를 마친 말들을 마차에서 풀은 뒤 파
르마Parma에 머물렀다. 아주 사소하고 무르익지 않은
모험의 기회조차 늘 유희를 갈망하는 이 도박꾼을
미칠 정도로 자극했던 것이다.

　언제 어디서나 카사노바는 자신만의 가장 본성적
인 감각에 있어서 겉으로는 무감각해 보여도, 실은
매우 현명하게 행동했다. 처음 만난 여인과 한 시간
을 보내기 위해, 그는 밤과 낮을 가리지 않고 언제든
필요하면 바보가 될 준비가 되어 있었다. 그가 갈망
하는 한 어떤 일에도 그는 놀라지 않았고, 그가 정복
하고자 하는 한 어떤 저항에도 까딱하지 않았다. 언
젠가 그에게는 별로 중요치 않았던 독일의 시장 부
인과 재회하기 위해, 그는 내키지는 않지만 뻔뻔스
럽고 태연하게 쾰른의 어느 낯선 사교모임에 나타났
다. 사실 이 여인이 그를 행복하게 해 줄 것인지 전

혀 알지도 못하는 상황이었다. 그런데 이 모임을 주최한 주인의 비난에도 그는 이를 꽉 깨물고 참았으며, 다른 사람들의 비웃음에도 철면피처럼 인내심을 발휘했다. 하지만 그가 발정하여 전전긍긍할 때, 몽둥이로 두들겨 맞는다면 이 호색한은 어떤 기분이었을까? 아마 그는 차디찬 지하실의 쥐와 해충들 틈에서 굶주리고 떨면서도, 목적을 위해 하룻밤을 견뎠을 것이다.

혹시 새벽에 전혀 쾌적하지는 않지만 사랑을 나눌 시간이 찾아온다면, 그는 수십 번의 자상刺傷, 권총 발사, 모욕, 협박, 질병, 굴욕도 마다않고 모험을 감행했을 것이다.—그가 사랑하는 아프로디테를 위해, 진실로 사랑하는 한 연인을 위해 그랬다면 이해할 수도 있을 것 같다. 그러나 카사노바는 여인이라면 누구든 상관없이 당장 취할 수 있는 여인, 종種으로 보아 단지 여성이기에 그에게 욕정을 일으키는 여인을 원했다. 카사노바의 감각기관이 흥분으로 들떠 있을 때면, 그 모든 뚜쟁이들과 포주들은 세계적으로 유명한 이 난봉꾼의 지갑을 아주 편안하게 털 수 있었고, 매번 상냥한 남편들과 친절한 오빠들이 그를 추잡한 사건으로 끌고 들어갔다. 하지만 대체 그가 욕정을 느끼지 않을 때가 있었던가? 그의 색욕이 완전히 진정된 때가 언제였던가? 항상 새로운 노획물을 갈망하면서, 그의 욕망은 끊임없이 미지의 것을 향해 진동했다. 이 남성의 육체는 산소와 잠, 운동처럼 끊임없이 부드러운 쾌락의 침대를 먹이로 요구했고, 동요하는 감각은 모험의 팽팽한 긴장을 필요로 했다. 언제 어디서든 카사노바는 거의 하루라도 여자 없이는 몹시 불편했다. 금욕이란 카사노바의 어휘로 번역하자면 어리석음과 권태였다.

그의 대단한 식욕과 지칠 줄 모르는 소비방식으로 보아, 여인들의 질이 대체로 완전하지는 않았다는 것이 놀라운 일은 아니었다. 낙타처럼 큰 위로 욕망을 소화하는 카사노바는 미식가가 아니라 단순한 대식가에 불과했다. 따라서 카사노바의 연인이라는 사실이 그 자체로 특별히 자랑스러운 것은 아니

었다. 고상한 신사의 품위가 떨어질지언정 그에게
는 헬레나Helena든 숫처녀든 상관없었고, 상대하는 여
자들이 재치 있거나 교양 있고, 매력적일 필요도 없
었다. 쉽게 자극받는 자에게는 단지 여자가 있다는
사실로 충분했다. 다시 말해 자연적으로 형성된 자
궁과 남성의 반대 성을 지닌 여자, 그의 욕망을 가득
채워 줄 여자라면 충분했다. 그러므로 널찍한 사슴
공원이나 거기서 생겨나는 낭만적 또는 미학적 상상
들은 아예 버리는 것이 좋을 것이다. 잡식성의 프로
호색가가 그렇듯이, 카사노바의 수집품은 매번 가치
가 고르지 않았던 것으로 증명되었다. 그것은 미의
화랑과는 거리가 멀었다. 물론 그 가운데 몇몇 여인
은 부드럽고 귀여운 소녀의 얼굴을 하고 있었다. 이
와 관련하여 사람들은 그의 동향인이었던 화가 레니
Reni와 라파엘, 또는 루벤스Rubens가 그린 몇 점의 그림
들, 부셰Boucher가 가녀린 펜으로 그려 넣은 비단 부채
들을 떠올릴지도 모르겠다. 그러나 그 곁에는 갖가
지 추한 형상들, 그 찌푸린 상을 호가스Hogarth의 성난

연필만이 재현할 수 있을 영국 거리의 창녀들, 고야의 분노를 일으켰을 추악한 늙은 마녀들, 툴루즈 로트레크Toulouse Lautrec의 양식으로 그려진 병에 감염된 창녀의 얼굴들, 농부와 하녀들이 존재했다.

카사노바의 수집품은 이렇게 미와 추, 정신과 비속함이 다채롭게 뒤섞여 있었다. 왜냐하면 이 범세계적 호색한은 관능을 맛보는 데 있어서 무엇이든 마다하지 않았고, 정욕의 반경 또한 기이하고 이상한 길로 위험스럽게 확장되었기 때문이다. 그의 모험은 모든 연령층에 걸쳐 있어서, 오늘날처럼 규제받는 시대에서는 가차 없이 검사의 심문을 받아야 했을 것이다. 그 정도로 카사노바는 흉측하게 깡마른 여인에서부터 폐인에 가까운 70세의 위르페 공작부인에 이르기까지 한계가 없었다.—끔찍하기 짝이 없는 이 애정행각에 대해 일찍이 한 남자가 후세에까지 수치심도 모르고 털어놓았다. 전혀 고전적이 아닌 발푸르기스의 색정적인 밤이 모든 나라, 모든 계급에 걸쳐서 회오리바람을 일으켰던 것이다. 첫 경험의 수치심과 전율로 얼굴을 붉히는 가장 부드럽고 순결한 여인들, 레이스 장식의 옷을 입고 보석의 광채로 빛나는 우아한 귀부인들이 사창가의 쓰레기 같은 창녀들, 선술집의 비천한 여인들과 윤무를 추자고 성급히 손을 건넸다. 냉소적인 곱추, 음험한 절름발이, 품행 나쁜 아이들, 발정 난 노파들, 이 모든 여인들이 걸어 나와 마녀의 춤을 추었다. 숙모가 조카에게 아직도 따뜻한 침대를 양보하고, 어머니가 딸에게 아직 포근한 잠자리를 비워 주었다. 뚜쟁이는 자기 자식들을, 호의적인 남편은 늘 욕망을 갈구하는 카사노바의 집에 자신의 마누라를 밀어 넣었으며, 군인을 상대하던 창녀들은 같은 날 밤에 귀부인들과 재빨리 잠자리를 교환했다.

그렇다, 카사노바의 애정행각을 무의식적으로 화려하고 멋진 동판화처럼 우아하고 사랑스런 취향으로 보여 주려는 습관을 우리는 버려야 할 때가 왔다. 그렇다, 백번 맞는 말이다. 우리는 여기서 이것저것 가리지 않는 잡식성의 호색을 남성적 관능이 지닌 거대한 광기로 간주해야 한다. 카사노바의 경우처럼 고갈되지 않는 리비도는 돌덩이도 깨뜨리며, 무엇보다 어느 것 하나 가만 놔두고 지나가는 법이 없다. 일상적인 관계 못지않게 난잡함 또한 그를 유혹했다. 변태적인 행위도 그를 달아오르게 했으며, 터무니없는 사건 역시 그를 흥분시켰다. 이가 득실대는 침대들, 더러운 속옷들, 애매모호한 소문들, 호객꾼들과의 친분, 은밀한 또는 정식으로 청한 관중들, 비열한 착취 내지 온갖 질병들, 이 모든 것 따위는 유럽을 포용하려는 신성한 황소에게는 별로 감지되지 않는 사소한 것들이었다. 그는 또 다른 주피터로서 어떤 형태로든 여성세계 전체를 품에 안고자 했다.—거의 광기에 가까운 쾌락 속에서 가장 자연적인 것뿐만 아니라 환상적인 것에 대해 무한정한 호기심을 갖고 있었다. 그러나 이런 남성적 욕망에 있어서 전형적인 것은 아무리 핏발이 지속적으로 솟구칠지라도 결코 본성의 바닥을 범람한 적이 없었다는 점이다. 즉 카사노바의 본능은 성의 최종 한계점에서 돌연 정지했던 것이다. 예컨대 거세된 남자와의 접촉은 그에게 구역질을 일으켰으며, 남색을 위한 남창들을 그는 지팡이로 때려 내쫓았다. 그 모든 간접적 성행위와 성도착은 기이할 정도로 정절을 지키며 그의 완벽하게 천부적인 공간, 여성의 세계로만 국한되었다. 하지만 여기서만은 그의 열정은 한계를 알지 못했다. 그의 성적 열망은 장애나 정지도 없이, 어느 여인이든 가리지 않고 수없이, 주저 없이 달려 나갔다. 그리스에 존재하던 숲의 신처럼 그의 욕망은 영원히 도취된 여인들, 새로운 여인에게서 새롭게 충전된 쾌락의 힘을 가지고 힘차게 나아갔다.

그러나 바로 이런 욕망의 가공할 만한 능력, 본성적이고 도취적인 측면이 카사노바에게 여성을 지배할 수 있는 전대미문의 힘, 도저히 항거할 수 없는 힘을 부여했다. 여인들은 이미 혈관을 타고 흐르는 그의 끈질긴 본능에서 남성이라는 동물, 불타오르며 자신들을 향해 뜨겁게 달려오는 인간을 감지했다. 그러면 그들은 이 열광의 남자에게 기꺼이 소유를 허락했다. 그가 여인들에게 홀딱 빠졌기 때문에 여인들도 그에게 모든 것을 허락했다. 물론 그는 개별적인 여인 하나하나에게 사로잡힌 것이 아니었다. 그보다는 여성이라는 남성의 반대 성 자체, 다수로 된 여인들에게 빠진 것이었다. 마침내 여인들은 직감적으로 일과 의무에 완전히 지쳐 버린 남편이나 간혹 부수적으로 여인들에게 구애하는 그런 남자와는 다른, 오로지 여인밖에 모르는 한 남자가 나타났다고 느끼게 되었다. 카사노바는 이렇게 힘찬 개울물처럼 전력을 다해 여인들에게 달려가고, 매사에 아낌없이 자신을 소모하면서 망설이거나 우물쭈물하지 않았다. 정말이지 그는 남김없이 자신을 헌신할 줄 알았다. 그는 육체에 남아 있는 쾌락의 마지막 한 방울까지도, 호주머니 속에 있는 금전 한 닢도 주저 없이 여인에게 바칠 준비가 되어 있었다. 이 순간 자신의 여성에 대한 갈증을 멈춰 줄 수 있는 여인이면 족했다. 즐거워하는 여인들의 얼굴, 행복에 겨워 웃고 황홀해 하는 모습은 카사노바에게 있어서 모든 향락이 지닌 최종적 기쁨이었다.

돈이 있는 한 카사노바는 그 어떤 여인에게든 정
성들여 고른 선물들을 한 아름씩 안겨 줌으로써, 그
들의 공허한 허영심을 사치로 달래 주었다. 그는 여
인의 옷을 벗기기 전에 그 여인을 화려하게 입히고,
레이스로 치장해 주기를 좋아했다. 그런가 하면 진
귀한 보석을 선물하거나 엄청난 낭비벽과 열정의
불꽃놀이를 보여 주어 여인을 깜짝 놀라게 했다. 그
는 피가 끓어오를 때면 사랑하는 연인에게 금으로
된 비를 뿌리는 신 주피터와 같았다. 실제로 그가 주
피터와 비슷했던 점은 이렇게 비를 뿌리곤 이내 구
름 속으로 사라진다는 사실이었다. "나는 여인들을
미친 듯이 사랑했었다. 그러나 나는 늘 여인보다는
자유를 선호했다." 그렇다고 해서 그의 난봉꾼으로
서의 명성이 줄어든 것은 아니었다. 그렇다! 이로
인해 오히려 그의 이미지는 훨씬 더 고양되었다. 왜
냐하면 바로 그가 번개처럼 돌연 나타났다가 사라
짐으로써 유일하고 특별한 사내, 다시는 반복될 수

없는 멋진 모험에 대한 추억이 여인들의 뇌리에 각인되어 있었으며, 다른 남자들과의 습관적이고 진부한 잠자리로는 지워질 수 없는 체험이었기 때문이다. 모든 여성들은 본능적으로 이 남자가 남편으로는 불가능하다는 것을 느끼고 있었다. 그들은 오직 애인, 밤의 신으로서 그를 가슴속에 간직하며 기억하게 될 터였다. 그는 모든 여인들의 품을 떠났지만, 그들은 난봉꾼 이외의 다른 모습은 원치 않았다. 따라서 카사노바는 자신의 본모습 그대로, 바람기 있는 자신의 열정에 충실하기만 하면, 어떤 여인이든 얻을 수 있었다.

그는 자신이 지닌 욕정의 화려한 저장소를 이용하여 쾌락에는 쾌락으로, 육체에는 육체로 상대했고, 그러면서도 죄의식에 빠지는 일이 전혀 없었다. 이 때문에 그의 여인들도 축제를 치른 뒤에는 자신들의 순수한 사랑의 기대가 우롱당했다고 느끼지 않았다. 그럴 것이 얼핏 봐도 부도덕해 보이는 그가 여인들에게 성적 쾌감 이외에는 다른 황홀경을 요구하지 않았고, 영원히 사랑한다고 속삭이지도 않았기 때문이다. 이런 그의 태도는 늘 여인들이 사랑의 기대에서 깨어나는 수고를 덜어 주었다. 물론 이런 식의 성애를 저질의 사랑, 성적 피부접촉에 불과한 영혼이 없는 동물적 사랑이라고 칭하는 것은 개개인의 자유일 것이다. 그러나 그 자체의 성실성을 왜곡해서는 안 된다. 공개적으로 솔직하게 소유욕을 표명하는 이 태연스런 허풍선이가 낭만적 몽상가들보다 여인들에게 더 진실하고 선행을 베푸는 것은 아닌가?

괴테와 바이런의 인생 뒤안길에는 수많은 여인들이 깨어지고 조각난 삶으로 물러나야 했다. 그 이유는 사랑에 있어 보다 높고 우주적인 본성들이 부지중에 여인의 영혼을 너무 확대함으로써, 이 뜨거운 입김은 더 이상 현세의 형태를 찾으려는 데 관여하지 않았기 때문이다. 반면에 카사노바의 불타오르는 열정은 어느 여인의 마음도 거의 다치게 하지 않았다. 그는 여인들을 괴롭히거나 절망감을 주지 않았다. 수많은 여인들에게 행복을 주었지, 신경을 건

드린 적이 없었다. 그 모든 여인들은 순수 감각적 모험에서 무사히 일상생활로, 남편에게든 아니면 다른 정부에게로 돌아갔다. 그는 열대의 바람처럼 단지 여인들의 머리 위를 스쳐 지나갔고, 이로 인해 여인들의 감각은 뜨겁게 부풀어 올랐다. 하지만 그는 여인들을 과도하게 달아오르게 하거나, 침해하지도 않았다. 그는 파괴 없이 정복했고, 부패 없이 유혹했다. 바로 그의 성애는 쉽게 손상될 수 있는 영적 현실에서가 아니라, 외피로 싸인 견고한 조직에서 진행되었기 때문에, 그의 정복은 파국을 야기하지 않았다.

카사노바의 열정은 단순히 성애로서 작용할 뿐, 어떤 극단적인 광기로까지는 발전하지 않았다. 설령 그가 헨리에테나 아름다운 포르투갈 여인이 그를 떠나서 절망한 것처럼 행동할지라도, 그것 때문에 불안해 할 필요가 없다. 그런 일 정도로 권총을 잡을 사람이 아니었다. 정말이지 그는 이틀만 지나도 다른 여자와 함께 있거나, 사창가에서 빈둥거렸을 것이다. 만일 갑이라는 수녀가 무라노에서 도박장까지 그를 찾아올 수 없었다면, 그녀 대신 을이라는 수녀가 나타나곤 했다. 그는 이렇게 빨리 위로를 얻었다. 어느 여인이 떠나가면, 어느 다른 여인이 그 자리를 대신했다. 그는 진짜 호색가로서 완벽하게 한 여자에게만 홀딱 빠지는 것이 아니라, 다수의 여인들, 끊임없이 그들을 갈아치우는 수많은 모험에 빠지곤 했다는 것을 우리는 어렵지 않게 확인할 수 있다. 언제가 그는 다음과 같이 아주 위험한 말을 내뱉은 적이 있었다. "당시에 나는 단 하나의 사랑에 대해 어느 정도 호기심이 있다고 어렴풋이 느꼈다." 우리는 이제 그를 좀더 이해하기 위해 호기심이라는 낱말을 상세히 분석해 보자. 여기서 호기심이란 새로운-열망이라는 두 낱말의 합성어로서, 늘 새로운 것을 향한 새로운 갈망, 늘 다른 여인들에 대한 새로운 경험에의 갈망을 의미한다. 에로스라는 지칠 줄 모르는 장기판 위에서 그를 자극한 것은 언제나 개체가 아니라, 새로운 변형과 새로운 배합이었다. 그가 무엇을 취하고 버리느냐는 숨을 들이쉬고 내쉬는 것처럼 당연하고 자연스러웠다. 그런데 그의 순수 기능적인 향락은 무엇 때문에 카사노바가 예술가로서 그 수많은 여인들 가운데 어느 한 여인도 우리의 영혼에 각인되도록 하지 않았는가를 설명해 준다.

그의 모든 서술로 미루어 분명히 그는 연인들의 얼굴을 똑바로 바라본 것이 아니었다. 어느 정도 거리를 두고, 성적인 그윽함을 음미하듯 바라보았다는 혐의가 짙었다. 그를 열광으로 불타오르게 한 것은 이탈리아 사람답게 늘 동일한 것, 즉 어딘지 투박하고 탐스러운 촉감을 지닌 여인의 성적 돌출의 순간이었다. 언제나 싫증나도록 만지고 싶은 "눈처럼 하얀 가슴", "성스러운 반구半球", "품위 있는 자태", 우연히 노출된 "가장 비밀스런 매력", 바로 이런 것이 카사노바의 눈을 끌었다. 이는 마치 성에 눈을 뜬 고등학생이 자기 집 하녀의 구석구석을 훔쳐보는 것과도 같았다. 예를 들어 그의 달력에는 헨리에테, 이레네, 바베테, 마리우치아, 에르멜리넨, 마르콜린, 이 그나치아, 루치아, 에스터, 사라, 클라라 등의 이름이 가득 적혀 있었다. 이 수많은 여인들에게서도 남아 있는 것은 살색 젤리처럼 따뜻하고 육감적인 체취, 그 흔적뿐이었다. 이에 대해 달력에는 성관계의 성취도와 열광을 표시하는 기호 및 숫자가 혼란스럽게 적혀 있었다.—이 기록들은 술주정뱅이가 아침에 깨어나 간밤에 누구와 어디서 무엇을 마셨는지 기억할 수 없는 것처럼 뒤죽박죽이었다. 카사노바는 여인들을 피부만으로 즐기고, 표피로 느꼈으며, 살과 살의 접촉으로 인식했다. 그러므로 우리는 예술의 정확한 잣대를 통하여 호색한과 사랑하는 자 사이의 차이를 극명하게 알게 되었다. 나아가 모든 것을 얻었으나 소유하지 않는 자, 작은 것을 얻었으나 이 순간적인 것을 정신적으로 무한히 승화시키는 자 사이의 차이 또한 알게 되었다.

실제로 비참한 사랑의 영웅 스탕달은 단 한 번의 체험을 통해 삼천 번의 밤을 새웠던 카사노바보다 더욱 승화된 영혼의 실체를 분리해 냈다. 에로스가 정신적 황홀경의 어떤 지점까지 상승될 수 있는가에 관해서는, 4연으로 된 괴테의 시가 카사노바의 16권 짜리 책들보다 더 많은 예감을 주고 있다. 이 때문에 더 높은 의미에서 관찰해 보면, 카사노바의 회고록은 소설이라기보다는 오히려 통계보고 자료, 문학이라기보다는 전쟁체험기에 가깝다. 그것은 육체의 편력을 담은 오디세이, 영원한 헬레나를 찾아 떠나는 영원한 욕정의 사내 일리아드와 같다. 회고록의 가치는 양이나 질에 달려 있는 것이 아니다. 카사노바의 회고록은 개별 사례가 아니라, 변형과 다양한 형태에 의해 충분한 가치를 지닌다. 물론 정신적 의미 심장함 같은 것은 찾아보기 힘들다.

그러나 바로 이런 체험의 충만함을 맛보기 위해, 늘 사실만을 기록할 뿐 거의 정신력을 측정하지 않았던 우리의 세계는 카사노바를 호색에 있어서 개선장군의 상징으로 찬양하고, 명성에 걸맞도록 그의 머리에 찬란한 왕관을 씌웠던 것이다. 오늘날 독일어나 모든 유럽의 언어로 카사노바는 미워할 수 없는 기사, 여성포식자, 유혹의 대가를 의미한다. 그리고 헬레나, 피리네, 니농 드 랑클로가 여성의 신화를 대표하듯이, 카사노바라는 이름도 남성의 신화를 대표한다. 물론 인류는 항상 수백만의 하루살이 가면으로부터 불멸의 전형을 창조하기 위해, 보편적 사례를 하나의 얼굴로 특수화할 필요가 있었다. 그리하여 베네치아 희극배우의 아들 카사노바는 모든 시대에 걸쳐 사랑의 영웅으로 통용되는 이런 뜻밖의 명예를 거머쥐게 되었던 것이다. 하지만 그는 모두가 선망하는 자신의 왕좌를 두 번째의 전설적 동반자와 나누어야만 했다. 카사노바의 곁에는 스페인의 귀족출신 경쟁자 돈 후안이 음울하고 악마적인 모습을 하고 나타났다. 유혹의 대가들인 이 둘 사이에도 뭔가 미묘한 차이가 있다는 것이 종종 언급된 바 있었다. 그렇지만 레오나르도와 미켈란젤로, 톨스토이와 도스토옙스키, 플라톤과 아리스토텔레스가 보여준 정신적 반명제는 이 두 사람에게서는 성립되지 않았다.

이 두 남성의 성은 서로 유형적으로 되풀이되었기 때문에, 호색을 대표하는 두 가지 형태 간의 대립은 생산적인 효과를 자아냈다. 이유인즉 그들이 두 마리의 매처럼 같은 방향으로 나아가, 부끄럽게 또는 행복하게 비명을 지르는 여인들의 무리 속으로 파고들어 갔을지라도, 그들의 정신적인 태도는 완전히 다른 종류로 나타났기 때문이다. 돈 후안은 스페인의 히달고 계층에 속하는 귀족으로, 폭동을 일으켰으면서도 감정적으로는 여전히 가톨릭 신자였다. 푸르상그르 스페인 혈통인 그의 감성적 사고방식은 온통 명예라는 개념에 묶여 맴돌았고, 마치 중세의 가톨릭 신자처럼 무의식적으로 육욕을 "죄악시"하는 교리에 따르고 있었다. 혼외정사는(그래서 더욱 매력적인) 기독교의 형이상학적 관점에서 악마적인 것, 신에 대한 거역, 금기를 의미했고, 여성이나 계집은 이런 죄악의 도구로 간주되었다. 여성의 본질, 그 존재조차도 이미 유혹이자 위험이었고, 따라서 겉보기에 여성의 가장 완벽한 미덕 역시 허상과 기만, 뱀의

가면에 불과했다. 돈 후안은 이 악마의 성에서 비롯된 순결이나 정조를 믿지 않았고, 어떤 여성이든 그들의 옷 속에 나체를 감추고 있어서, 유혹에 빠지기 쉽다는 것을 알고 있었다. 나아가 그는 여인들이 얼마나 유혹에 무력한 존재인지 수많은 예를 들어 폭로하고, 세상과 신에게 증명해 보였다. 요컨대 접근할 수 없었던 귀부인들, 충실한 척하는 아내들, 몽상적인 소녀들, 신에게 서약한 수녀들, 그들 모두를 예외 없이 침대로 끌어들임으로써 자신의 주장을 입증했다. 아마 교회의 천사만이 이 모든 어리석은 감각적 행위에서 실수하지 않았을 것이다. 이런 식의 행위만이 광기의 엽색가 돈 후안을 부단히 거듭되는 유혹의 행위로 거세게 몰아갔다.

그러므로 여성의 숙적 돈 후안을 다정한 사내 또는 여인들의 친구, 단순한 연애가로 보려는 것처럼 어리석은 일은 없다. 왜냐하면 그는 단 한 번도 어느 연인을 위해 진실한 사랑과 애착을 보인 적이 없었고, 오히려 깊은 증오심을 보이며 악마처럼 여인들을 다루었기 때문이다. 그가 여인을 취하는 것은 결코 자기 소유욕에서 비롯된 것이 아니라, 늘 여인에게서 가장 소중한 것, 명예를 강탈하기 위해서였다. 그의 쾌감은 카사노바의 경우처럼 성기에서 치솟는 것이 아니라, 두뇌에서 흘러나왔다. 왜냐하면 이 영혼의 사디스트는 어떤 여인이든 항상 여성스러움 자체를 더럽히거나 모독하고, 손상을 입혀야 만족했기 때문이다. 그의 향락은 수치심으로 어쩔 줄 모르는 여인들의 절망을 미리 맛봄으로써 채워졌다. 따라서 사냥에서 느끼는 그의 쾌감도 난이도가 높으면 높을수록 상승되었다. 카사노바와는 정반대로 여인이 옷을 늦게 벗을수록 그는 승부욕이 가중되었다. 한 여인에게 접근하기 어려우면 어려울수록, 그의 최후의 승리는 더욱 완전한 가치를 지니게 되는 것이며, 어느 여인도 유혹에 무력하다는 자신의 명제 또한 그 증명력을 획득하는 셈이었다. 저항이 없는 곳에서는 그의 충동도 시들했다.

카사노바처럼 사창가에 있는 돈 후안이란 상상할

수 없었다. 유부녀는 물론이고 수녀를 농락하는 등 되풀이되서는 안 될 범죄행위, 철면피한 악마적 행위만이 그를 핏속까지 자극했다. 만일 그가 한 여인을 소유한 뒤라면, 그의 실험은 이미 끝난 셈이었다. 유혹당한 여인은 단지 부호와 숫자로 기록될 뿐이었다. 실제로 그는 이를 기록하기 위해 레포렐로라는 서기를 고용한 바 있었다. 돈 후안은 단 하룻밤, 마지막 밤조차도 자신의 파트너를 다정한 눈으로 쳐다볼 생각을 하지 않았다. 왜냐하면 사냥꾼이 쏘아 죽인 짐승의 곁에 머물지 않듯이, 이 전문적 엽색가는 실험을 마친 뒤에는 자신의 희생물 곁에 머물지 않았다. 그는 계속 다른 여자를 사냥해야 하며, 가능한 한 많은 여인들을 포획해야 했기 때문이다. 이로 인해 그의 집요한 엽색행위는 악마적인 위치를 점하게 되었다. 그의 가장 근원적인 충동은 그를 이 완성할 수 없는 사명과 욕정으로 거세게 몰고 갔다. 말하자면 그는 모든 여인들을 대상으로 삼아 여성의 취약성을 세계적으로 입증하려고 했다. 돈 후안의 성애는 휴식도 없었고, 만족도 없을 만큼 끝이 없었다.

실제로 여인들은 돈 후안의 냉혹한 기교에 걸려 들자마자, 그를 악마 자체로 생각하게 되었다. 여인들은 어젯밤에 내품었던 사랑의 열정만큼이나 무섭게 이 사기꾼인 숙적을 중오하기 시작했는데, 돈 후안은 자고난 다음 날 아침이면 여인들의 열정에 비웃음을 흘리며 차디찬 냉소를 끼었었기 때문이다(모차르트는 이를 〈돈 조바니Don Giovanni〉라는 영원불멸의 오페라로 작곡했다). 그를 상대한 여인들은 자신들의 나약함을 수치스러워하며 분노에 몸을 떨었다. 그들을 속이고 기만한 이 악당을 향해 무기력하지만 분노에 가득 차 발을 동동 굴렀다. 이제 이 여인들은 그를 근거로 남성 전체를 중오했다. 돈나 안나, 돈나 엘비라 등 1003명에 달하는 여인들은 그의 계산된 충동에 굴복하였고, 영원히 정신적으로 여성이라는 족쇄에 매여 있을 수밖에 없었다.

반면에 카사노바에게 몸을 바쳤던 여인들은 그를 신처럼 떠받들며 감사를 표했다. 그는 여인들의 어떤 감정도 사취하지 않았고, 여성으로서의 자존심에 조금도 상처를 입히지 않았다. 오히려 그는 이 여인들에게 그들 존재에 대한 새로운 확신을 선사했다. 스페인의 사탄 돈 후안이 여인들을 무섭게 경멸했던 바로 그 순간, 성애의 대가 카사노바는 육체와 육체의 열정, 뜨겁게 타오르는 불길 속으로의 침잠을 여인들에게 가르쳤다. 그는 여인들에게 남녀의 이런 사랑을 참된 관능, 여성으로서의 행복한 의무로 인식시켰다. 그는 가볍고 사랑스런 손길로 조심스럽게 옷을 벗기듯, 아직 성숙하지 못한 여인들의 두려움과 수줍음을 벗겨 냈다. 그들은 모든 것을 다 바친 뒤에야 비로소 완전한 여성이 될 수 있었다. 이럴 때면 그 역시 행복감에 사로잡혀 환한 미소를 지어 보였고, 자신이 맛본 황홀감을 여인의 덕분으로 돌렸다. 성의 완벽한 향유는 남녀가 신경과 맥박을 함께 나누며 공감할 수 있을 때에야 비로소 이루어졌다. "나의 쾌감의 5분의 4는 항상 여인들을 행복하게 해 줌으로써 성취되었다." 이렇게 그는 향락과 열정을 여인과 동등한 관계로 누리고자 노력했다. 헤라클레스 같은 성적 능력에도 불구하고 카사노바는 자신의 육체보다는 상대 여인의 육체가 서서히 달아올라 황홀경에 빠지기를 원했다.

　카사노바의 마음을 사로잡았던 것은 스페인의 경쟁자 돈 후안처럼 거칠고 난폭한 소유욕이 아니라, 오히려 여인에게 베풀려는 열정이었다. 따라서 그에게 몸을 바친 여인들은 전보다 더 여성스러워졌다. 왜냐하면 그들은 성에 대해 더 잘 알고, 더 자유스럽고, 더 육감적이 되었기 때문이다. 그리하여 그의 연인들도 즉시 이 행복한 제단을 위해 새로운 신자를 찾아 나섰다. 언니는 자신의 동생을 달콤한 헌신을 위해 제단으로 데려왔고, 어머니는 자신의 딸을 부드러운 선생에게 소개했다. 그들은 다른 여인들을 카사노바라는 베푸는 신의 의식과 윤무 속으로 끌어들였다. 바로 여성이라는 동질적 본능으로부터 돈 후안에 의해 유혹되었던 여인들은 새로 구애를 받은 여인들에게 여성의 적인 돈 후안에 대해 경고했다

(하지만 늘 헛수고였다!). 이제 그들은 카사노바를 여성의 신으로 신격화하여, 사심 없이 다른 여인들에게 추천해 주었다. 그리고 카사노바가 자신의 형상을 초월하여 전 여성을 사랑했듯이, 여인들도 카사노바를 넘어서서 열정의 남자이자 대가인 카사노바의 모든 것을 사랑하게 되었다.

어둠의 세월

나의 인생에서 내 마음에 꺼려지고
나 자신도 파악하지 못한 일들을 얼마나 자주 저질렀던가!
하지만 나는 어떤 비밀스런 힘에 의해 자극받았고,
의식적으로 그 힘에 저항을 하지 않았다.
-카사노바의 회고록에서

공평하게 말해 우리는 여성들이 위대한 유혹자인
카사노바에게 저항 없이 빠져드는 것을 비난해서는
안 된다. 우리 남성들조차 그와 대면할 때면 언제나,
그의 매혹적인 열정적 처세술에 굴복하려는 유혹에
빠져든다. 어떤 남성도 카사노바의 회고록을 질투심
없이 읽기는 쉽지 않기 때문이다. 나아가 이 모험가
의 광적인 삶, 그의 두 손 가득 움켜쥔 향락, 자신의
현존을 게걸스럽게 빨아들이는 쾌락주의는, 우리가
초조하고 불만족스러운 순간을 맞이할 때면, 정신적
으로 덧없이 방황하는 우리의 삶보다 지혜롭고 현실

적이라고 생각되기 때문이다. 그의 철학은 매사 불평을 내뱉는 쇼펜하우어의 가르침과 칸트의 돌처럼 냉정한 독단주의보다 더 생동감 넘치는 것처럼 여겨진다. 우리의 고착된 존재, 체념을 통해서만 확고해지는 실존은 카사노바의 실존과 비교해 보는 순간 얼마나 빈약한 것처럼 보이는가!

우리는 선입견 내지 사후판단事後判斷을 가지고 스스로 속박된 채, 한 걸음 옮길 때마다 양심의 쇠공을 무겁게 끌고 다닌다. 우리의 발걸음이 이렇게 무거운 데 반해, 저 가벼운 심장과 가벼운 발을 가진 사나이는 모든 여인들을 포옹하고, 모든 나라로 날아다니며, 우연성의 그네를 타고 천국과 지옥을 오갔던 것이다. 실제로 어떤 남자도 다음의 사실을 부인하지 못할 것이다. 카사노바의 회고록을 읽는 그 누구도, 삶의 처세에 있어 이 빛나는 대가에 비해 스스로 형편없다고 느끼지 않을 수 없다. 여러 번, 아니 백 번이라도 우리는 괴테나 미켈란젤로, 발자크보다는 카사노바가 되기를 원할 것이다. 철학으로 위장한 이 사기꾼의 문학가연 하는 글에 대해 처음에는 약간 냉소를 짓지만, 여섯 권이나 열 권, 열두 권쯤에서는 이미 그를 참으로 현명한 사람이고, 그의 현세철학 또한 모든 가르침 가운데 가장 영악하고 매력적인 것으로 간주하고 싶어진다.

그럼에도 불구하고 다행인 것은 카사노바 스스로 우리의 때이른 감탄을 제자리로 돌려놓는다. 그의 처세술의 목록에는 위험한 구멍이 뚫리기 시작했기 때문이다. 즉 그는 늙는다는 사실을 잊었던 것이다. 그가 지닌 향락주의적 수법은 오로지 감각적인 것에만 몰두해 있어서 젊은 감각, 육체의 생동적 힘에만 전적으로 의존해 있었다. 따라서 혈관에서 불꽃이 힘차게 타오르지 않자마자 그 즉시 시들고, 향락의 철학은 멀겋게 풀어져 맛없는 죽이 되어버렸다. 오직 싱싱한 근육, 단단하고 하얀 치아로만 나름대로 삶을 지배할 수 있지만, 이런 것들이 시들기 시작하고 감각도 말을 듣지 않으면, 향락의 철학이라는 것도 갑자기 무너져 버리는 것이다. 향락의 포식자에게 있어 존재의 굴곡은 급강하를 그리도록 되어 있었다. 그럴 수밖에 없는 것이 방탕한 자는 비축 없이 모든 것을 탕진해 버리며, 한순간에 자신의 온기를 모두 잃어버리기 때문이다.

이에 반해 얼핏 체념한 것 같아 보이는 정신적 인간은 축전지처럼 자신의 내부에 지속적으로 충만한 온기를 비축한다. 정신적 인간이 되기로 맹세한 자는 그늘진 세월 속에서도, 가끔은 가부장적인 시대(괴테 시대!)에 이르도록 순화와 변용을 체험했다. 정신적 인간은 설령 피가 식을지라도 자신의 현존을 지성적 해명과 놀라움으로 상승시키고, 육체의 열등한 탄력에 대해서는 그 대신 대담하게 비상하는 개념의 유희가 보상을 해 주었다. 그러나 온갖 사건의 비약만이 내적 흐름을 가능케 하는 순수 감각적 인간은 말라 버린 개울물의 물레방아처럼 멈춰 서 있었다. 늙는다는 것은 그에게 새로운 것으로의 전이가 아니라 무無로의 몰락을 의미했다. 삶이라는 가혹한 채권자는 버릇없는 감각이 너무 일찍 성급하게 가져간 것을 이자까지 쳐서 되돌려 받았다. 이렇게 카사노바의 지혜는 그의 행운이 다하면서 끝나 버렸고, 그의 행운 역시 젊음이 다하면서 끝나 버렸다. 그는 아름답고 당당하게, 힘찬 모습으로 등장하는 동안에만 지혜로워 보였다. 우리는 그의 나이 40세까지는 은근히 그를 질투하지만, 그 이후로는 그를 동정의 눈초리로 바라보게 된다.

그럴 것이 베네치아에서 가장 화려한 카사노바의 카니발은 우울한 성회 수요일을 맞이하며 일찌감치 끝나 버렸기 때문이다. 그의 늙어 가는 얼굴 위로 주름살이 나타나듯, 어두운 그림자가 살금살금 그의 흥겨운 삶의 이야기 속으로 들어온다. 그럴수록 승리를 보고하는 일도 드물어지고, 갈수록 짜증스런 일만 늘어난다. 그는 점점 자주―물론 매번 죄도 없이―부도어음, 위조지폐, 저당 잡힌 보석 따위의 사건에 연루되고, 영주들의 궁전에 초대되는 일도 드물어졌다. 런던에서는 체포되어 교수대로 보내지기 불과 몇 시간 전에, 안개 낀 밤을 틈타 도주해야만 했다. 바르샤바에서는 범죄자처럼 추적을 당하고, 빈과 마드리드에서는 추방당했으며, 바르셀로나에서는 40일간 감옥에 구금되었다. 피렌체에서도 그는 쫓겨났으며, 파리에서는 사랑하는 도시를 즉시 떠나라는 "법원의 명령서"를 받고 떠나야 했다. 어느 누구도 카사노바를 좋아하지 않았으며, 누구나 하나같이 모피에서 이를 털어내듯 그를 멀리했다. 도대체 우리의 카사노바가 무슨 일을 저질렀기에, 갑자기 세상이 한때의 총아를 이렇게 엄격하게 도덕적으로 문제시하는 것인가라고 우리는 놀라서 자문하게 된다. 그가 악의를 품거나, 사기라도 쳤단 말인가? 세상이 모두 그에게 돌연 등을 돌릴 만큼, 그가 자신의 수상하지만 사랑스런 성격을 바꾸었단 말인가? 아니다, 그는 예전과 같았고, 앞으로도 그럴 것이다. 숨을 거둘 때까지 사기꾼 내지 협잡꾼, 광대, 문학애호가로 살아갈 것이다. 단지 이제 그의 도약하는 힘을 그토록 탄력 있게 떠받쳐 주던 원소가 부족해지기 시작했을 따름이었다. 자신감, 젊음에서 우러나

오는 승리의 감정이 부족해진 것이었다.

  몹쓸 죄를 지은 곳에서 그는 벌을 받았다. 맨 먼저 여인들이 그의 곁을 떠났다. 작고 초라한 델릴라 Delilah, 런던의 사창가에 있던 영악한 소녀가 사랑의 화신 삼손에게 치명상을 입혔다. 이 에피소드는 그의 회고록에서 가장 멋진 부분이었다. 왜냐하면 이 에피소드는 가장 진지하고 인간적이며, 이로 인해 카사노바가 전환점을 맞이하게 되었기 때문이다. 생전 처음으로 유혹의 대가가 여인에게 농락을 당했다. 그것도 덕을 갖춘 고결하고 접근하기 어려운 여인이 아니라, 머리에 피도 안 마른 교활한 창녀에게 당한 것이다. 어린 나이지만 그녀는 카사노바를 얼리고 뺨칠 만큼 노련했다. 그녀는 그의 호주머니 돈을 몽땅 털고도, 자신의 천한 몸에는 얼씬도 못하게 만들었다. 돈을 내고 또 냈음에도 불구하고 카사노바는 모욕적으로 거절을 당한 채, 저 어린 창녀가 멍청하고 낯 두꺼운 이발사 보조에게 돈도 안 받고 몸을 내주는 꼴을 우두커니 바라보아야 했다. 그가 돈

과 꾀와 힘을 다 써가며 탐욕스럽게 갈구해도 얻을
수 없었던 것을 그녀가 손쉽게 내주었을 때, 카사노
바의 자존심은 죽음의 일격을 맞았다. 바로 이 순간
부터 그의 오랜 상승세는 어딘지 불안하고 흔들리게
되었다. 40세의 때이른 나이에 그는 자신을 세상에
서 승승장구하게 해 주던 동력이 더 이상 제대로 작
동하지 못한다는 것을 경악하며 인정해야 했다. 처
음으로 그는 정체되어 버렸다는 공포에 사로잡혔다.
"보통 노년이 다가오는 것과 연관된 노쇠의 시작을
인정할 수밖에 없는 것이 내게는 가장 큰 걱정이었
다. 청춘과 힘의 의식으로부터 생겨나는 그런 확고
한 자신감을 나는 더 이상 갖고 있지 않았다."

그러나 자신감이 없는 카사노바, 언제라도 여자들
을 매료시킬 초인적 힘이 없어진 카사노바, 아름다
움과 잠재력, 돈도 없는 카사노바란 과연 무엇인가?
과거에는 남근과 행운의 총아로서 뱃심 좋게 달려
들고, 의지를 갖고 승리를 과시하던 카사노바가 이
제 세상과의 카드놀이에서 가장 좋은 패를 잃어버

렸으니, 그는 대체 무엇이란 말인가? "모종의 연령에 도달한 신사"는 우수에 젖어 다음과 같이 대답했다. "행운이 더 이상은 알아 주지 않고, 여인들은 더욱 몰라보는" 나라는 사람은 날개 없는 새, 남성의 매력이 없는 남성, 행운 없는 정부情夫, 밑천 없는 도박꾼, 탄력과 아름다움도 없는 비참하고 권태로운 육체에 불과하다. 향락의 승리를 외치며 혼자만 지혜롭다고 자만하던 그 모든 기백은 사라져 버렸다. 이제 처음으로 "체념"이라는 위험한 낱말이 그의 철학 속으로 스며들게 되었다. "내가 여인들을 사랑으로 유인하던 시기는 지나가 버렸다. 나는 그들을 포기하든가, 그들의 호의를 돈으로 사야만 한다." 카사노바에게는 전혀 이해할 수 없던 체념이라는 생각이 잔인하게도 사실이 되어 버린 것이다. 그렇다. 여인을 사기 위해서는 돈이 필요하지만, 그 돈을 항상 여인들이 마련해 주었기 때문이다. 놀라웠던 순환은 멈추고, 유희는 끝나 버렸다. 심상치 않은 권태가 온갖 모험의 대가에게도 시작된 것이다. 그리하여 늙고 가련한 카사노바는 남의 집을 기웃거리는 식객, 세상에 대해 호기심이 많았던 카사노바는 스파이가 되었다. 도박꾼은 사기꾼과 거지, 사교계의 총아는 고독한 글쟁이와 비방자로 전락하고 말았다.

무수한 사랑의 전투에서 싸웠던 노익장 카사노바가 무장을 해제했다는 것은 충격적인 광경이었다. 뻔뻔스럽고 불손한 광대가 신중하고 겸손해졌다. 아주 조용하고 은밀하게 이 위대한 행운의 희극배우는 성공의 무대에서 퇴장했다. 그는 이제 "자신의 처지에 어울리지 않는" 화려한 의복들을 벗어치우고, 반지와 다이아 버클, 담배통과 아울러 그 잘난 자만심도 던져 버렸다. 철학 역시 뒤집은 카드처럼 책상 밑에 집어던지고, 나이라는 냉혹한 삶의 법칙 앞에 고개를 숙였다. 이런 법칙에 따르면 시들어 버린 창녀는 뚜쟁이가 되고, 노름꾼은 사기도박꾼, 모험가는 식객이 되어야 했다. 그의 몸속에서 피가 따뜻하게 돌지 않게 된 이후로, 이 세계시민은 한때 그토록 사랑했던 세상 한가운데에서 갑자기 추워 떨기 시작했다. 이와 동시에 그는 대단히 감상적으로 고향을 그리워하기 시작했다. 그리하여 한때는 오만불손했던 자(고상하게 끝내는 법을 몰랐던 가련한 자!)는 참회하는 마음으로 죄 많은 머리를 숙이고, 베네치아 당국에 처량하게 용서를 구하는 것이었다.

카사노바는 심문관들에게 아첨으로 일관된 보고서, 애국심에 넘치는 소장을 작성했다. 이는 베네치아 정부를 공격하는 데 대한 "반박문"으로, 그는 자기가 고초를 겪었던 베네치아의 감옥이 "통풍이 잘되는 공간"이며 인류애의 천국이라고 뻔뻔스럽게 아부의 글을 써 보냈다. 그의 생애에서 가장 비극적인 이 에피소드들에 관해서는 더 이상은 어떤 것도 그의 회고록에 나와 있지 않았다. 그의 회고록은 너무일찍 끝을 맺고 있으며, 치욕의 시절에 대해서는 아무것도 이야기하지 않는다. 그는 아마도 수치로 달아오른 얼굴을 감추기 위해서 어둠 속으로 물러났다. 그런데 우리는 이런 그를 보면서 거의 즐거워지는 것을 느낀다. 만일 그가 물러나지 않았다면, 이

박제가 되어 버린 수탉, 노래를 다 부른 퇴물 가수는 우리가 그렇게 오랫동안 부러워하던 승리의 기쁨을 얼마나 비참하게 왜곡시켰을 것인가!

이후 몇 년간 상가가 즐비한 메르체리아 거리에 허름한 옷을 걸친 다혈질의 뚱보 신사가 베네치아 사람들이 무슨 말을 하는지 열심히 엿듣고, 술집에 앉아 수상한 사람들의 동정을 살피고, 저녁에는 심문관에게 보내는 지루한 스파이 보고서를 끼적거렸다. 이 깨끗하지 못한 정보들에는 안젤로 프라톨리니라는 서명이 되어 있었다. 은혜를 입은 끄나풀, 참으로 상냥한 스파이의 가명이었다. 그는 자신이 젊은 시절에 들어가 보았고, 그곳을 서술함으로써 유명해졌던 바로 그 감옥으로 몇 푼의 금화를 받고 낯선 사람들을 보내고 있었다. 그렇다, 화려한 안장을 덮고 멋지게 치장한 생갈트의 기사, 여인들의 총아이자 멋들어진 유혹자가 헐벗고 비천한 밀고자, 악당 안젤로 프라톨리니가 되었던 것이다. 한때는 다이아몬드 반지를 끼던 손이 더러운 사업에 뛰어들어

잉크 자국을 사방으로 뿌려 대었고, 급기야 당국마저도 이 불만투성이의 불평가를 단번에 해고해 버렸다. 그 이후로 몇 년간은 소식이 없었다. 아무도 이 반쯤 망가진 난파선이 결국은 보헤미아에서 좌초될 때까지 어떤 비극적 항로를 달렸는지 알지 못한다. 다만 이 늙은 모험가가 한 번 더 유럽을 집시처럼 방랑했다는 것을 알 뿐이었다. 귀족들 앞에서는 발정난 고양이처럼 야옹거리고, 부자들에게는 알랑거리며 자신의 옛 기술을 시도해 보았던 것이다. 즉 사기 도박, 신비한 밀교의식, 뚜쟁이 등의 짓거리를 반복해 보았다. 하지만 그의 청춘의 신이었던 철면피한 배짱과 자신감은 사라져 버려서, 여인들은 그의 주름살에 비웃음을 보냈으며, 그 어떤 짓거리도 성공할 수 없었다.

카사노바는 빈 주재 대사관의 비서 노릇(아마 다시 스파이 노릇), 하찮은 작가 일을 함으로써 근근이 연명했다. 반복해서 경찰의 추방령을 받았던 그는 모든 유럽 도시의 쓸모없는 불청객이었다. 빈에서는 끝으로 어떤 늙은 창녀와 결혼하여, 그녀의 수입으로 어느 정도 안정을 찾고자 했다. 그렇지만 이것도 실패하고 말았다. 마침내 어느 비밀스런 학문의 대가이자 부호인 발트슈타인Waldstein 백작이 그가 기식하던 파리의 한 게시판에서 다음과 같은 글을 읽으며 동정심에 사로잡혔다.

이 강 저 강 표류하는 시인,
출렁이는 물결의 서글픈 장난감이자
난파선의 조각난 쓰레기여!

그는 이 수다스럽고 쇠약한, 그러나 아직은 재미있는 냉소적 인간에게서 뭔가 흥밋거리를 찾아내고는, 은혜를 베풀어 그를 둑스 성의 도서관 사서로 받아들였다. 물론 말이 좋아 도서관 사서였지, 이곳 사람들은 소위 궁중의 익살광대라고 불렀다. 백작은 끊임없이 채권자들에게 차압을 당하는 이 골동품 같은 인간을 정확히 1000 굴덴의 연봉으로 사들였다.

이후 그는 둑스에서 살았는데, 더 정확히 말해 13년 간 죽어 가고 있었다.

둑스에서 수년간 가려져 있던 그의 모습, 카사노바를 어렴풋이 기억나게 하는 어떤 존재, 말라비틀어진 미라가 갑자기 나타났다. 이런 그의 형상은 시들었지만 날카롭고, 오직 자신의 담즙을 통해 보존된 기묘한 박물관의 전시물 같았다. 백작은 그를 손님들에게 보여 주기를 좋아했다. 그를 본 손님들은 다 타 버린 분화구, 재미나고 위험성이 없으며 남쪽 지방 특유의 다혈질로 인해 익살스런 남자, 보헤미아의 새장에서 권태로 인해 서서히 죽어 가는 사람이라고 생각했다. 하지만 이 늙은 사기꾼은 한 번 더 세상 사람들을 우롱했다. 그들 모두가 카사노바는 이미 끝난 인간으로 묘지와 관만을 기다리고 있는 자라고 생각하는 동안, 그는 기억을 모아서 다시 자신의 인생을 구성하고, 영악하게도 불멸의 세계로 끼어들려는 모험을 감행한 것이다.

늙은 카사노바의 초상

이제 사물들의 모습은 다른 것으로 변했다.
나는 나를 찾고 있다. 그러나 나는 과거의 내가 아니다.
나는 존재한다고 생각하지 않는다.
그것이 아니라 나는 존재했었다.
-노년의 카사노바 초상화에 기록된 글

1797년, 1789년, 혁명이라는 피의 빗자루가 로코
코의 화려한 18세기를 쓸어 냈다. 기독교도인 왕과
왕비의 머리가 단두대의 바구니 속에 담기고, 수많
은 영주들과 소공국의 주인들, 베네치아의 심문관
나리들을 코르시카 출신의 키 작은 장군이 쫓아내
버렸다. 사람들은 더 이상 백과전서파의 글이나 볼
테르, 루소를 읽지 않고, 전쟁터에 대한 요란스런 공
고문을 읽었다. 성회 수요일의 재가 온 유럽에 흩날
리고, 카니발은 끝났으며, 로코코 시대도 종말을 고
했다. 이 모든 것은 후프 스커트와 분을 바른 가발,

은장식이 달린 구두, 브뤼셀 제품의 레이스와 더불어 끝나 버렸다. 사람들은 더 이상 빌로도 의상을 입지 않고, 정복이나 일반 양복을 입었다.

그러나 기이하게도 한 사람, 보헤미아의 저 어두운 구석에 박혀 있는 그 옛날의 남자만은 시대를 잊었다. 마치 호프만Hoffmann의 이야기에 나오는 기사 글루크처럼 훤한 대낮에 오색찬란한 수새 한 마리가 비단 조끼와 도금한 단추들, 낡아빠진 노란 레이스컬러, 비단 양말과 꽃무늬 대님, 하얀 궁중용 깃털 모자를 쓰고 둑스 성에서 나와서는, 울퉁불퉁한 보도를 걸어서 시내로 들어갔다. 이 진귀한 노인은 아직도 옛날식 모대가발毛袋假髮에 분을 잘못 발라서(시중들 사람이 없어서!) 이상한 모양이었다. 더욱이 그의 떨리는 손은 황금빛 레이스가 달린 구식의 등나무 지팡이에 의지해 있었는데, 이런 지팡이는 1730년 파리의 팔레루아얄에서나 볼 수 있었다. 이 사람이 정말 카사노바, 아니 그의 미라였다. 그는 궁핍과 분노와 매독에도 불구하고 아직 살아 있었다.

피부는 양피지 같고, 침을 흘리며 떨고 있는 입 위에는 갈고리 같은 코가 얹혀 있었고, 숱이 많은 눈썹은 텁수룩하고 하얗게 세어 있었다. 이 모든 것에서는 나이와 부패의 냄새가 풍겼다. 오직 새카만 눈만은 옛날의 불안을 아직도 간직하고 있었는데, 반쯤 감은 눈꺼풀 밑에서는 악의에 찬 눈동자가 날카롭게 번뜩였다. 그러나 그는 좌우로 눈을 잘 돌리지 않았다. 뭔가 언짢은지 혼자서 중얼거렸는데, 좋은 기분이 아닌 것 같았다. 카사노바는 운명이 그를 보헤미아의 거름더미에 던져 버린 이후로는 기분이 좋은 적이 없었다.

뭣 때문에 쳐다 보겠는가! 이 멍청하게 하품하는 인간들, 커다란 주둥이로 감자나 처먹는 독일 내지 보헤미아의 바보들에게는 눈빛 한 번 주는 것도 감지덕지한 것 아닌가! 더러운 마을 밖으로는 나가보지도 못한 촌놈들, 한때는 폴란드의 시종장 배에 총구멍을 내주었고, 교황으로부터는 황금 박차를 하사받은 이 생갈트의 기사를 보고도 정중하게 인사할 줄 모르는 인간들에게는 지나친 대접이 될 터였다. 더욱 분통이 터질 일은 여인들조차 그를 존경하지 않고, 촌스러운 웃음이 터져 나오지 않도록 두 손으로 입을 틀어막는 것이었다. 그런데 여인들은 자신들이 웃는 이유를 잘 알고 있었다. 그럴 것이 하녀들이 신부에게 이 중풍에 걸린 노인이 자신들의 스커트 자락을 들치기를 좋아하고, 알아듣기 힘든 말로 지저분한 소리를 지껄인다고 말했었기 때문이다. 그럼에도 불구하고 이 비천한 농민들은 성에 있는 빌어먹을 하인들 떼거리보다는 나은 편이었다. 바로 그들에게 카사노바는 꼼짝없이 잡혀 있어서, "당나귀 같은 놈들의 발길질까지 참아야 하다니" 하며 한탄할 정도였다.

그 중에서도 펠트키르허녀와 자신의 시중을 드는 비더홀트는 정말 참기 힘들었다. 악당들 같으니라고! 그들은 어제만 해도 고의로 소금을 다시 그의 수프에 떨어뜨리고, 마카로니를 태우고, 그의 함에서 초상화를 꺼내어 변기 위에 걸어 놓았다. 쓰레기 같은 놈들은 감히 로겐도르프 백작 부인이 선사한 검은 점박이 강아지 멜람피케를 그 귀여운 짐승이 자연스런 욕구를 방에서 해결했다는 이유로 때리기까지 했다. 아, 좋았던 그 시절은 어디로 갔단 말인가! 과거에는 그까짓 하인놈 따위는 간단히 빈 방에 가두고, 건방진 놈을 참기는커녕 뼈가 떡이 되도록 두들겨 팼었지. 한데 오늘날에는 로베스피에르라는 자 덕분에 천박한 악당들이 윗자리를 차지하고, 자코뱅 당원 놈들이 시대를 망쳐 놓았다. 그런데 그 자신도 이빨 빠진 늙고 처량한 개의 신세였다. 하루 종일 신세타령이나 하면서 투덜거린다고 무슨 소용이랴! 차라리 천한 놈들에게 침이나 뱉어 주고, 방으로 올라가서 호라티우스나 읽는 게 나았다.

그러나 오늘은 왠지 분통이 전혀 끓어오르지 않았다. 흡사 인형처럼 이 미라는 이 방에서 저 방으로 경련에 떨면서 성급하게 더듬고 다녔다. 그는 낡은 궁중용 프록코트를 차려입고, 훈장들을 먼지 하나 없이 깨끗하게 솔질하여 옷에 달았다. 왜냐하면 오늘은 테플리츠 전하가 리뉴 왕자와 다른 몇몇 귀족을 데려오고, 식탁에서는 프랑스어로 대화할 것이라고 백작께서 알려왔기 때문이다. 그러면 질투하는 하인놈들이 이를 갈면서도 그의 시중을 들어 주지 않을 수 없을 터였다. 놈들은 허리를 굽히고 접시를 들고 있어야 할 터였다. 어제처럼 개에게 뼈다귀를 던지듯 상한 음식을 접시에 던지지는 못할 것이다. 그렇다, 그는 오늘 점심은 커다란 식탁에서 오스트리아의 기사들과 함께 하게 될 것이다. 그들은 세련된 대화를 즐기고, 철학자가 이야기하면 존중하며 들어주는 사람들이었다. 한때는 볼테르 씨조차도 경의를 표했고, 황제와 왕비들에게서도 인정받았던 카사노바가 아니더냐!

어쩌면 귀부인들이 물러나자마자, 백작님과 왕자님은 아주 친밀하게 어떤 원고 중에 일부를 읽어 달라고 청할지도 모른다. 그럼, 그 분들이 내게 청하고 말고. 키르히너, 이 지저분한 놈아! 고귀하신 발트슈타인 백작님과 야전사령관 리뉴 왕자께서 나의 재미난 체험 중에서 한 부분을 읽어 달라고 내게 청하실 거라 이거야. 그러면 나는 그렇게 해야겠지. 물론 안 해도 상관은 없어! 나는 뭐 백작님의 하인도 아니고, 복종할 의무가 있는 것도 아니니까. 나는 하인배 따위가 아니거든. 나로 말할 것 같으면 손님이자 도서관 사서이고, 입주 외국인으로 그분들과 함께 있는 것뿐이지. 너희 놈들은 그게 무슨 뜻인지도 모를 것이다, 이 자코뱅당원 같은 놈들아. 하지만 몇 가지 일화들을 그분들에게 이야기하려는 거다! 내 스승인 크레비용Crebillon의 섬세한 방식으로, 아니면 베네치아 방식으로 몇 가지 매콤한 것을! 그래, 우리는 아무튼 귀족들이고, 서로가 뉘앙스로 이해하는 사이지. 우리는 웃으면서 교황님의 궁전에서처럼 검붉은 부르군트 포도주를 마시게 될 것이다. 그리고 전쟁, 연금술, 갖가지 책들에 관해 대화를 나누게 될 테고, 무엇보다 이 늙은 철학자에게 세상과 여인들에 관해 이야기 좀 해 달라고 하겠지.

카사노바는 흥분하여 열려 있는 홀들을 이리저리

돌아다녔다. 이 메마르고 심술궂은 작은 새는 악의와 오만으로 눈을 반짝 거렸다. 그는 십자훈장의 테두리를 두르고 있는 가짜보석을 —진짜는 이미 오래전에 영국의 유태인이 가져갔다— 닦고, 세심하게 머리에 분을 바르고, 거울 앞에서 루이 15세 궁전의 오래된 각종 인사법과 예법들을 연습했다.(이런 속물들 가운데 있으면 그 모든 예법을 잊게 마련이었다.) 그런데 척추에서는 우두둑하고 심상치 않은 소리가 났다. 물론 이 낡은 수레를 마차에 달고 73년간이나 유럽 전역을 다녔으니 대가를 치르는 것은 당연했다. 더구나 여인들에게 얼마나 정력을 소모했던가. 그러나 적어도 이 위쪽 뇌에는 아직도 위트가 완전히 고갈되지는 않았다. 아직은 신사양반들을 즐겁게 해 드릴 수 있고, 그들 앞에서 인정도 받을 수 있었다. 그는 레케 공작부인을 위하여 프랑스어로 된 환영의 시 한 수를 둥글게 굴린 약간 떨리는 필치로 종이에다가 베껴 적고는, 이어서 사랑의 무대를 위한 자신의 새로운 희극에 화려한 헌사를 써넣었다. 이곳 둑스에서도 자신의 본분은 잊지 않았다. 그는 기사로서 흥미로운 문학 집회를 존경으로 맞이하는 방법을 알고 있었다.

　실제로도 그랬다. 마차들이 도착하고 그가 통풍에 걸린 다리로 허리를 숙이고 높은 계단을 올라가자, 백작과 그의 손님들은 하인들에게 외투 및 모피코트와 모자를 던졌지만, 카사노바에게는 귀족의 관례대로 정중하게 포옹을 해 주었다. 백작은 그를 손님들에게 그 유명한 생갈트의 기사라고 소개하면서 그의 문학적 업적을 찬양했다. 그러자 귀부인들은 그를 서로 옆자리에 앉히려고 경쟁하는 것이었다. 식사가 끝나고 아직은 식탁이 정리되질 않아서, 남자들은 파이프 담배를 피우고 있었다. 이때 그가 미리 예상한 대로 왕자는 그의 박진감 넘치는 회고록의 진척에 대해 문의했다. 의심의 여지없이 저명한 작품이 될 회고록에서 한 부분 낭송해 줄 것을 신사 숙녀들이 이구동성으로 간청했다. 그의 은혜로운 후원자인 백작께서 이렇게 청하니 어찌 거절할 수가 있으랴?

사서께서는 열심히 자기 방으로 올라가, 15권의 책들 가운데 비단 줄무늬가 있는 것을 뽑았다. 그것은 부인들이 있어도 읽을 수 있는 몇 안 되는 수작 중의 하나로, 베네치아의 감옥에서 도망친 사건을 다루고 있었다.

그는 얼마나 자주 많은 사람들에게 이 비할 바 없는 모험을 이미 읽어 주었는지 모른다. 쾰른과 바이에른의 선제후, 영국의 귀족들 앞에서, 그리고 바르샤바 궁에서 낭송한 내용이었다. 물론 사람들이 트렝크 씨의 감옥 이야기로 법석을 떨고는 있지만, 여기 모인 신사 숙녀들은 카사노바가 저 무뚝뚝한 프로이센 출신의 트렝크 씨와 얼마나 다르게 이야기하는지 알아차려야 했다. 왜냐하면 그는 최근에 대단히 놀라울 정도로 복잡한 몇 부분을 변형시켜 삽입했고, 끝으로 위대한 단테에서 매우 훌륭한 부분을 인용하여 넣었기 때문이다. 큰 박수가 낭송에 보답했고, 백작은 그를 포옹하면서 왼손으로 금화 몇 닢을 그의 주머니 속에 넣어 주었다. 그 누구도 알 리

없겠지만, 그것들을 아주 요긴하게 쓸 수 있었다. 까닭인즉 온 세상 사람이 모두 그를 잊어도, 채권자들만은 아무리 멀리 떨어져 있어도 이곳까지 그를 찾아왔기 때문이다. 보라, 정말로 몇 방울의 굵은 눈물이 그의 뺨을 타고 흐른다. 이제 왕자님의 부인이 선량하게 그의 축복을 빌어 주고, 모든 사람들은 이 빛나는 걸작의 조속한 완성을 위해 건배를 해 주는 것이 아닌가!

그러나 유감스럽게도 다음 날에는 이미 말들이 덜커덩 소리를 내며 마구에 묶이고, 사륜마차들이 문 앞에 대기해 있었다. 주인 나리들이 프라하로 여행을 떠나려는 것이었다. 우리의 사서께서는 세 번씩이나 자신도 그곳에 시급한 용무가 있노라고 예민하게 암시를 했음에도, 아무도 함께 가자는 말 한 마디 없었다. 그는 이 찬 바람 스치는 거대한 둑스의 돌담 안에 남은 채, 저 불손한 보헤미아의 하인배들에게 꼼짝없이 내맡겨진 것이다. 그들은 백작의 마차바퀴 뒤로 먼지가 사라지기도 전에, 또 다시 야비한 웃음

소리를 그의 귓전에 뿌리는 것이었다. 사방에 야만인들뿐이고, 프랑스어와 이탈리아어로 아리오스토나 장 자크 루소에 대해 이야기할 줄 아는 사람이 없었다. 그렇다고 문헌에 파묻혀 사는 슐레지엔의 오피츠Opitz, 아니면 서신교환의 영예를 허락한 몇몇 착한 귀부인들에게 노상 편지나 쓰고 있을 수는 없었다. 둔중한 회색 안개처럼 권태가 다시 인적 없는 방안에 내려앉았고, 어제는 잊었던 통풍이 두 배나 잔인하게 다리를 비틀어 놓았다. 카사노바는 투덜거리며 궁중예복을 벗어던지고, 두텁게 솜을 넣은 터키의 잠옷을 떨리는 뼈마디 위에 걸쳐 입었다. 그러고는 유일한 추억의 피난처, 책상으로 투덜거리며 기어갔다. 하얀 원고더미 옆에는 동강난 펜들이 기다리고 있었고, 종이들은 반가운 듯 바스락거리고 있었다. 거기 앉아서 그는 신음 소리를 내뱉으며 떨리는 손으로 쓰고 또 썼다. 그를 쓰도록 몰아가는 축복받은 권태여! 이렇게 그의 삶의 역사가 무르익고 있었다.

죽은 뼈 같은 이마, 미라처럼 말라 버린 머리가죽 안에는, 흡사 딱딱한 껍질 안에 하얀 호두알이 들어 있듯이 천재적인 기억력이 생생하게 살아 있었다. 이마와 뒷머리 사이의 이 작은 공간에는 반짝이는 눈, 숨 쉬는 넓은 콧구멍, 딱딱하고 탐욕스런 두 손이 수천의 모험에서 낚아챘던 그 모든 것이 그대로 깨끗하게 보존되어 있었다. 더욱이 하루에 13시간 이나("13시간, 그것은 내게 13분처럼 흘러간다.") 거위 깃털 펜을 움직이게 하는 통풍 걸린 손가락은 과거에는 향유하며 쓰다듬었던 온갖 매끄러운 육체들을 기억하고 있었다. 책상 위에는 그의 옛 애인들의 빛바랜 편지들, 메모, 머리칼, 계산서, 기념물 등이 뒤죽박죽 섞여 있었다. 꺼진 불꽃 위로 아직은 은은한 연기가 남아 있듯이, 빛바랜 추억들의 달콤한 향기가 눈에 보이지 않는 구름처럼 여기서 떠돌고 있었다. 모든 포옹, 온갖 입맞춤, 모든 헌신이 이 찬란한 환상으로부터 솟구쳐 올랐다. 아니 과거를 불러내는 것은 노고가 아니라 즐거움이었다. 그것은 카사노바의 말대로 "즐거웠던 일을 회상하는 기쁨"이었다.

통풍에 걸린 노인의 두 눈은 빛나고, 입술은 열기와 흥분으로 떨면서 카사노바는 반쯤 기억해 냈거나 새로 만든 대화를 입으로 중얼거렸다. 부지중에 과거에 만난 여인들의 목소리를 흉내 내고, 자신의 농담에 대해 스스로도 웃었다. 그는 먹고 마시는 것, 빈곤, 비참, 굴종, 성 불능, 노년의 모든 비탄과 괴로움도 잊어버렸다. 그 대신 추억의 거울 속에서 꿈꾸듯 젊어져서는 헨리에테, 바베테, 테레제 등의 주문으로 불러낸 그림자들에게 웃으면서 다가갔다. 어쩌면 그는 실제의 여인들보다 주문으로 불러낸 존재들과 더 기쁘게 즐겼는지 모른다. 이렇게 그는 쓰고 또 썼으며, 예전에 혼신을 다하여 감행했듯이 손가락과 펜으로 모험을 감행했다. 여기저기 손으로 더듬어 고치고, 읽어 보고, 만족스런 웃음을 터트리면서 자신을 잊어버렸다.

문 앞에서는 버릇없는 하인들이 서서, 히죽거리며 딴죽을 걸기 일쑤였다. "그 안에서 누굴 보고 웃고 계신가, 이탈리아 바보 영감님?" 그들은 그의 괴팍함을 비웃으며 손가락으로 이마를 가리켰다. 그런 뒤 술을 마시기 위해 계단을 쿵쾅거리며 내려가, 노인을 지붕 밑 다락방에 홀로 남겨 두었다. 이 세상에서 어느 누구도 그에 관해 알지 못했다. 코앞에 있는 사람이든, 세상 끝에 있는 사람이든 알지 못했다. 이 늙고 성난 노인은 빙산 꼭대기에 사는 솔개처럼 저 위 둑스의 탑에서 누구도 알지 못하게 살아가고 있었다. 마침내 1798년 6월 말, 노쇠하여 삭아 버린 심장이 파괴되고 사람들이 전에는 수없는 여인들로부터 뜨겁게 포옹을 받았던 육체를 파묻었을 때, 교회의 기록책자는 그의 이름조차 제대로 적어 놓지 않았다. "베네치아 사람 카사네우스"라고 틀린 이름을 기재했고, 나이 또한 "84세"라고 잘못 써넣었다. 그는 가장 가까이 있는 사람에게도 모르는 존재가 되었다. 어느 누구도 그의 묘비를 걱정하지 않았고, 어느 누구도 그의 글에 관심이 없었다. 육체는 썩어 문드러지고, 편지들도 썩어 잊혔다. 그의 16권짜리 책들도 세상의 망각 속에서 도둑이나 무심한 사람들의 수중에서 떠돌아다녔다. 어느 누구보다 더 생동적인 삶을 살았던 카사노바는 1798년에서 1822년까지의 25년 동안 사람들의 뇌리에서 완전히 떠나 있었다.

자기묘사의 천재

용기를 갖는 것만이 중요하다.
-회고록 서문에서

그의 생애가 모험적이었듯이, 그의 부활 또한 모험적이었다. 1820년 12월, 이때만 해도 카사노바라는 인물은 사람들의 기억 속에서 사라져 있었다. 그런데 저명한 출판업자인 블로크하우스Blockhaus는 전혀 알지도 못하는 젠첼Gentzel이라는 신사에게서 편지를 받았다. 이 편지는 마찬가지로 미지의 인물인 카사노바의 저작 《1797년까지의 나의 인생사》라는 원고를 책으로 출판하고 싶다는 내용이었다. 블로크하우스는 어쨌든 그 원고들을 가져오게 했으며, 이를 전문가들이 철저하게 읽고 검토했다. 그들이 얼마나 감동을 받았는지는 쉽게 알 수 있었다. 이어서 원고는 즉시 번역되고 교정에 들어갔다. 아마도 이 과정에서 상당히 왜곡된 것으로 보이는 원고는 무화과 잎으로 치부를 가림으로써 사용 가능하게 조정되었다. 이 책은 제4권이 나왔을 때 벌써 대단한 성공을 거두었고, 어떤 기민한 파리의 해적출판자가 독일어로 번역된 본래의 프랑스어 작품을 다시 프랑스어로 번역할 정도였다. 따라서 이중으로 번역되고 수정된 셈이었다.

이제 나름대로 욕심이 생긴 블로크하우스는 그 해적판에 대해 자신의 프랑스어 번역판을 발간하여 뒤통수를 때렸다. 요컨대 회춘한 카사노바는 온 나라와 도시들에서 전보다 더 활기차게 부활했지만, 그의 원고만은 블로크하우스의 차가운 서가에 파묻혀 있었다. 오직 신과 블로크하우스만이 카사노바의 원고가 어떤 샛길과 불법거래를 통해 23년간 돌아다녔고, 그 중에 얼마나 유실되고, 거세되고, 변조되었는지를 알 것이다. 온전한 카사노바의 유산으로 보기에는 전체 사건들이 과장된 비밀이나 모험, 불성실, 속임수의 냄새를 풍기고 있었다. 그러나 우리가 시대를 통틀어 가장 뻔뻔하면서도 가장 박진감 있는 모험소설을 갖게 되었다는 사실조차도 얼마나 놀라운 일인가!

카사노바 자신은 정말 이 괴물이 출판되리라고는 전혀 믿지 않았다. "7년 전부터 나는 오직 내 기억들을 글로 쓰는 일만 하고 있다"라고 언젠가 이 류머티즘에 걸린 은자가 고백한 바 있었다. "그리고 이 일을 시작한 것을 나는 매우 후회하고 있지만, 이 일을 끝낸다는 것은 점차 내게 필연성이 되었다. 그러나 나는 내 이야기가 결코 대중의 빛을 보게 되지는 않으리라는 희망을 가지고 쓰고 있다. 왜냐하면 정신의 촛불을 꺼 버리는 불쾌한 검열이 출판을 결코 허락하지 않을 것이라는 점을 배제할지라도, 나는 병의 최종 단계에서는 아주 이성적인 자세로 내 모든 노트들을 눈앞에서 불태우기를 희망하기 때문이다." 다행히도 카사노바는 본연의 자신처럼 결코 이성적이 되지 못했다. 자신의 말처럼 그의 "두 번째 낯 뜨거움", 즉 자신이 얼굴을 붉히지 않는다는 사실에 대한 낯 뜨거움조차 그를 방해하지 못했고, 그는 힘차게 펜대를 잡고는 날마다 12시간씩 자신의 아름답고 둥근 필체로 늘 새로운 종이에 이야기를 가득 꾸며 나갔다. 이와 같은 회상들은 "미쳐 버리지 않기 위한, 또는 분노로 죽어 버리지 않기 위한 유일한 해결책이었다. 나와 발트슈타인 백작의 성에 살고 있는 시기심 많은 무뢰한들 쪽에서 걸어오는 불쾌감과 일상의 번잡함에 대한 분노로 죽지 않기 위해서였다."

권태를 쫓으려는 수단이나 굳어져 가는 지식의 방지책으로서 회고록을 집필했다면, 그것은 카사노바 같은 사람에게는 너무 사소한 동기일지 모른다. 하지만 우리는 권태가 형상화의 강력한 계기가 되었다는 사실을 무시해서는 안 된다. 예를 들어 돈키호테는 세르반테스의 황폐한 감옥시절 덕분에 생겨났다. 스탕달의 주옥 같은 글들은 치비타베키아Civitavecchia 소택지에서의 망명시절에 완성되었다. 오직 인위적으로 어둡게 만들어진 방에서만 삶의 가장 다채로운 그림들이 탄생하는 법이다. 발트슈타인 백작이 선량한 자코모를 파리나 빈으로 데려가 잘 먹이고 여체의 냄새라도 맡게 해 주었더라면, 누군가 그에게 사교계에서 정신의 명예훈장이라도 달아 주었다면, 이 흥겨운 이야기들은 초콜릿이나 셔벗에 섞여 들어가 버리고, 결코 잉크 속으로는 흘러들어가지 않았을 것이다. 그러나 이 늙은 오소리는 홀로 보헤미아의 다락방에 앉아 추위에 떨면서, 마치 죽음의 나라에서 등을 돌렸다는 듯 이야기를 끌어나갔다.

그의 친구들은 죽었고, 그의 모험들은 잊혔으며, 아무도 그에게 존경을 표하지 않고, 아무도 그의 말을 경청하지 않았다. 늙은 마법사는 오직 자신이 살아 있다는 사실을, 또는 적어도 살았었다는 사실을 스스로 입증하기 위하여 한 번 더 밀교의식을 행하고, 그럼으로써 과거의 형상들을 주문을 외어 불러낸 것이다. 실제로 그는 "나는 살았었다, 고로 존재한다vixi, ergo sum"라고 자신의 회상록에 기록했다. 배

151

고픈 자는 고기 굽는 냄새로 살아가고, 상이군인과 사랑에 상처받은 사람은 자신의 모험을 이야기하는 맛으로 살아간다. "나는 과거를 기억해 냄으로써 즐거움을 새로 맛본다. 그리고 나는 지나간 곤궁을 비웃는다. 지금은 더 이상 그것을 느끼지 않기 때문이다." 카사노바는 노년의 장난감, 과거라는 오색 파노라마를 자신을 향해서만 작동시켰다. 그는 다채로운 추억으로 비참한 현실을 잊으려 했고, 그 이상은 바라지 않았다. 이처럼 다른 일에는 완전히 무관심한 태도야말로 그의 작품에 자기묘사로서 유일한 심리적 가치를 부여해 주었다. 자기 생애를 이야기하는 사람은 대체로 목적에 따라 행동하며, 어느 정도는 관객을 의식한다. 반면에 카사노바는 자신을 무대에 올려놓고, 스스로가 관객이 되어 부지중에 특수한 자세, 흥미로운 성격을 연습했다.

유명인들은 자기묘사에 있어서 자유로운 적이 없었다. 그들의 자화상은 처음부터 세인들의 환상이나 체험에 이미 각인된 것과 마주치기 때문이다. 따라서 그들은 자신들의 의지와는 반대로 자기묘사를 이미 형성된 전설에 맞도록 만들어 내지 않을 수 없었다. 그들 유명인들은 자신들의 명성 때문에 조국, 자식들, 도덕, 존경심과 명예심 따위를 고려해 왔다.— 언제나 많은 사람들의 울타리에 들어 있는 사람은 여러모로 제한을 받는다. 그러나 카사노바는 전적으로 장애가 없는 상황의 사치를 누릴 수 있었다. 가족이나 윤리, 사태에 대한 고려로 근심할 필요가 없었다. 자식들은 뻐꾸기 알처럼 다른 새둥지에 내다 버렸고, 그와 잤던 여인들은 이미 오래전에 이탈리아, 스페인, 영국, 독일의 지하에 묻혀 썩어 가고 있었다. 조국이나 고향, 종교 따위는 그를 제약할 수 없었다. 제기랄, 이러니 그가 누구를 보호할 수 있단 말인가! 자기 자신이라도 간수하면 다행이겠지! 그가 회상록을 써 내려간다고 그 자신에게는 이득이 되거나, 그렇다고 해가 되는 것도 아니었다. "무엇 때문에"라고 그는 자문하면서 이렇게 말했다. "내가 참되지 않아야 할 이유라도 있는가? 사람은 자기 자신을 절대로 속이지 않는다. 그리고 나는 단지 나 자신만을 위해 쓴다."

참되다는 말은 카사노바에 있어서는 심각하거나 진지하게 행동한다는 의미가 아니다. 그것은 지극히 단순하다. 거리낌 없고, 가혹하고, 뻔뻔스러울 정도로 솔직하다는 의미이다. 그는 옷을 벗고 편안하게 알몸으로 있으면서, 사멸되어 가는 육체를 한 번 더 따뜻하게 관능의 물결에 밀어 넣었다. 실제의 관객에 둘러싸여 있든 아니면 상상의 관객에 둘러싸여 있든 상관없이, 자신의 추억 속에서 멋대로 박수치거나 불손하게 물장구쳤다. 문인이나 장군, 시인이 자기 자랑을 늘어놓듯 모험을 이야기하는 것이 아니라, 부랑자가 자신의 칼싸움을 신명나게 들려주듯, 서글프게 늙어 가는 창녀가 연애의 순간들을 고백하듯, 요컨대 완전히 노골적이고 주저 없이 솔직담백하게 모험담을 써 내려갔다. "나는 내 고백에 얼굴을 붉히지 않는다"라는 말이 〈나의 삶에 대한 개요〉라는 제목 아래 좌우명으로 들어가 있었다. 그는 양 볼을 부풀리거나 후회하면서 미래를 기웃거리지도 않았다. 그는 직선적으로, 입에서 나오는 그대로 서술해 나갔다. 이런 까닭에 그의 책이 세계사에서 가장 솔직하고 자연스러운 것 가운데 하나가 되었고, 비도덕적인 면에서도 어느 시대 못지않은 노골성을 보여 준다는 사실은 전혀 놀라운 일이 아니었다. 그 책이 감각적으로 거칠지라도, 그리고 민감한 사람들에게는 근육을 자랑하는 운동선수의 허영기처럼 눈에 뻔히 드러나도록 음경 근육을 장난의 대상으로 삼고 있지만, 이렇게 뻔뻔스런 행진은 길을 슬쩍 감추는 비겁한 눈속임이나 요통에 걸린 정사보다는 훨씬 멋들어진 것이다.

그 시대의 다른 에로틱한 글들, 예컨대 그레쿠르, 크레비용의 사향처럼 달콤한 장밋빛 외설 아니면 포블라스의 글과 비교해 보라. 이 글들에서 성욕은 목동의 누더기 옷을 걸쳐 입고 있으며, 사랑은 음란한 장난처럼 색정적인 발레 크로스샤세를 추며 나타난다. 이 따위 장난으로는 아이도 매독도 얻지 못한다.

카사노바의 경우 남성의 사랑은 요정들이 장난스럽게 발을 담그는 잔잔한 물의 정경으로 나타나는 것이 아니라, 세계를 자기표면에 반사하는 무시무시한 자연의 격랑으로 표출된다. 그것의 가장 깊은 심연에는 지상의 온갖 진흙과 티끌들이 뒤섞여 흘러간다.—다른 어떤 자서전 서술가도 남성이 지닌 성충동의 경악과 사나운 분출을 그처럼 보여 주지 못했다. 여기서 마침내 남성의 사랑에 있어 육체와 정신의 완전한 혼융을 보여 주는 용기 있는 자가 나타난 것이다. 감상적인 사건들, 순결한 사랑 이야기뿐만 아니라 창녀촌의 모험들, 적나라한 성, 남자라면 누구나 거쳐야 하는 섹스의 모든 미로를 이야기하는 것이다.

다른 위대한 자서전 서술가들, 괴테나 루소는 자기묘사에 있어서 전혀 사실과 다르지는 않을지 몰라도, 절반만 이야기하거나 침묵을 통해 사실을 은폐하기도 했다. 이 두 사람은 의식적으로 기억의 일부를 지우거나 아니면 못 본 척함으로써 그들의 연애사에서 맛없는 부분, 순수 성적인 일화들을 교묘히 묵살했다. 반면에 영적으로 채색된 클레르헨, 그레첸과의 감상적 또는 열정적 사랑의 부분을 확대했다. 이렇게 그들은 부지중에 남성적 사랑의 순수한 이미지를 승화시키곤 했다. 괴테, 톨스토이, 평소에는 그다지 점잔빼지 않는 스탕달까지도 수많은 침대에서의 모험과 지극히 세속적인 사랑과의 조우를 양심의 가책으로 재빨리 흘려 넘겨 버렸다. 그래서 이 뻔뻔할 정도로 솔직하고 철면피한 인간 카사노바, 이런 일에서 모든 장막을 치워 버린 카사노바가 없었다면, 세계문학은 남성의 성에 대한 솔직담백하고 철저히 복합적인 상을 갖지 못하게 되었을 것이다. 카사노바에게서 마침내 관능이라는 성적 추진체가 온전히 작동하는 것을 보게 되면, 우리는 끈적거리고 불결하고 타락하게 된 육체의 세계에 들어와 있음을 발견한다. 그는 섹스뿐만 아니라 사랑의 모든 면에서 진실했다. 양자 사이에는 엄청난 차이가 있지만! 그는 사랑의 세계에서만은 있는 그대로 진실했다.

　카사노바가 진실하다고? 나의 귓가에는 문헌학자들이 화가 치밀어 의자에서 벌떡 일어나는 소리가 들리는 것 같다. 그들은 지난 50년 동안 그의 성적 역사의 행적들을 찾아 기관총을 쏘아 댔고, 그럴듯한 거짓말을 유포하기도 했다. 하지만 잠시 침착하게 기다리시라! 의심의 여지없이 이 교활한 사기도박꾼, 전문적인 거짓말쟁이는 자기 회고록에서도 카드들을 인위적으로 뒤섞었다. 그럼으로써 그는 자신의 뒤틀린 운명을 바로잡았고, 곤경에 빠졌을 경우에는 종종 거기서 나올 수 있는 빠른 발을 마련했다. 그는 결핍을 통해 풍성해진 환상의 온갖 요소들을 가지고 치장하고, 가장자리를 감치고, 사랑이라는 스튜 요리에 후추 및 온갖 양념으로 미각을 돋우었다. 이와 같은 일은 의도적이 아니라, 자신도 의식하지 못하는 사이에 일어났는지 모른다. 아니, 우리는 그를 세부적인 사실 하나하나에 목을 매는 사람, 믿음직한 역사가로 보려 해서는 안 된다. 학문이 우리

의 카사노바를 엄밀한 틀로 재려고 하면 할수록, 그
는 더욱더 사기꾼에서 벗어나지 못한다. 그러나 아
주 작은 착각, 예컨대 연도의 오류, 기만과 허풍, 고
의적이거나 분명한 건망증은 이 회고록에 내재된 총
체적 삶의 확고부동한 진실에 조금도 해를 입히지는
않았다. 의심할 바 없이 카사노바가 예술가의 당연
한 권리를 가지고 시간과 공간을 혼합하거나 사건을
더 감각적으로 만들고, 개개의 사실들을 풍요롭게
꾸몄다는 것은 의심의 여지가 없다. 하지만 그가 자
신의 삶과 시대를 전체로서 파악하는, 진솔하고 솔
직하고 분명한 방식이 어떻다는 것인가? 그 혼자만
이 아니라 한 세기가 돌연 생생하게 무대에 등장하
고, 대립으로 시끄럽고 전기 충전이 된 극적 에피소
드들 속에는 사회 및 국가들의 제반 계층과 계급이
소용돌이친다. 그런가 하면 온갖 풍경과 대기는 뒤
죽박죽 섞여서 나타나고, 미풍양속이든 불륜이든 가
리지 않고 출현한다.

　심층의 깊이를 측량하지 못하는 표면적인 결함 때

문에, 그의 관찰 방식은 당시의 풍속을 기록하는 다큐멘터리의 형태를 취하게 되었다. 그는 사건의 충만함으로부터 개념적으로 본질을 도출해 내지 않았다. 이 때문에 모든 현상들에 내재한 감각적인 느낌이 손상되는 일이 없었다. 그렇다! 그는 모든 것을 느슨하게, 정돈되지 않은 채로 놓아 두었다. 삶의 실체가 그렇듯이 모든 것을 분류하거나 결정화하는 법이 없이 우연의 연속에 맡겨 두었다. 어떤 일이든 재미만 있으면, 중요성에 있어서 매번 우선순위를 차지했다(세상을 판단하는 가치기준이었다!). 그는 위대함과 사소함, 도덕적 또는 현실적으로 선과 악도 알지 못했다. 이 때문에 카사노바는 프리드리히 대제와의 대화록을 10페이지 앞에 있는 어린 창녀와의 대화보다 조금도 세밀하게 감동적으로 묘사하지 않았다. 카타리나 여제의 겨울 궁전을 서술한 것과 똑같은 사실성과 철저함으로 파리의 사창가를 서술한다. 그에게는 파라오 게임에서 금화를 얼마나 많이 땄는지, 또는 하룻밤에 뒤부아 내지 헬레네 지거와

몇 번이나 잤는지가 문학사의 대가인 볼테르와 대화를 갖는 것만큼이나 똑같이 중요한 일이었다. 세상사의 어떤 것에 대해서도 그는 도덕적 또는 미학적 무게를 부여하지 않음으로써, 세상은 자연스런 균형을 그대로 유지할 수 있었다. 지적인 면으로 보자면 카사노바의 회고록이 삶의 흥미진진한 풍경들 사이를 두루 여행한 어느 똑똑한 일반여행자의 메모보다 더 나을 것이 없다는 사실은 철학을 운운하면서까지 따질 일도 아니겠지만, 그의 책은 18세기의 역사적인 여행안내서 내지 유쾌한 스캔들의 연대기, 한 시대의 일상을 관통하는 완벽한 단면도로서 대단한 가치를 지닌다.

카사노바 이외에 다른 어느 누구를 통해서도 18세기의 일상과 문화, 이를테면 무도회나 극장, 커피숍, 축제, 여관, 도박장, 사창가, 사냥, 수도원 및 요새를 더 잘 알 수는 없을 것이다. 우리는 그를 통해서 당시에 사람들이 어떻게 여행하고, 식사하고, 놀고, 춤추고, 거주하고, 사랑하고, 즐겼는지를 알게 되었다.

미풍양속과 예절, 말하는 방식, 생활방식 등을 알게 된 것이다. 그 밖에도 이런 유례 없이 풍요로운 사실들과 현실을 향하여 아주 소란스런 인물들까지 등장하는데, 이런 정도면 20권의 장편소설을 가득 채우고, 10세대에 이르는 단편소설 작가들에게 소재를 공급하기에 충분할 정도였다. 얼마나 풍부한가! 병사들과 영주들, 교황들과 왕들, 불한당들과 사기도박꾼들, 상인들과 공중인들, 내시들, 사냥터의 몰이꾼들, 가수들, 처녀들과 창녀들, 작가들과 철학자들, 현자와 바보들, 일찍이 한 인간이 책이라는 울타리 속에 한꺼번에 몰아넣은, 가장 흥미진진하고 다채로운 인간 동물원이었다. 수많은 단편소설들과 드라마들이 카사노바의 회고록 덕분에 멋진 인물과 상황의 연출이 가능했는데, 아직도 이 광산은 고갈될 줄 모르는 것이다. 이 소설의 광장에서 10세대가 새로운 건축을 위해 돌을 캐 왔듯이, 앞으로도 문학의 몇 세대들이 이 무한한 원천에서 기초자료와 인물들을 빌려올 것이다.

그러므로 그의 불확실한 재능에 대해 콧등을 찌푸리거나, 법에 위배되는 세속적 행실 때문에 도덕적으로 비난해도 소용없는 짓이며, 그의 철학적 흘짝거림에 흠을 들춰내며 앙갚음해 보아도 아무 소용없는 짓이다. 이제 자코모 카사노바는 교수대의 형제인 비용Villon과 그 밖의 온갖 어두운 인간들과 마찬가지로 세계문학에 속하게 되었고, 수많은 도덕적 문인들이나 재판관보다 훨씬 더 오래 생존할 것이다. 그는 생시에나 사후에도 미학의 모든 통용원리가 논리적 모순임을 증명했으며, 도덕의 교리문답을 불손하게 책상 밑으로 집어던졌다. 그의 지속적인 영향력을 통하여 분명하게 밝혀진 사실은 재능이 뛰어나거나 부지런하고, 예의바르고, 고귀하고, 숭고하다고 해서, 문학적 불멸의 거룩한 신전에 들어가는 것은 아니라는 점이었다. 카사노바는 작가가 아니어도 세상에서 가장 흥미로운 소설을 쓸 수 있고, 역사학자가 아니어도 가장 완벽한 시대상을 쓸 수 있다는 것을 입증했다. 저 최후의 심판은 과정이 아니라 독자에 대한 영향이 어떤지를 묻는 것이며, 품행이 아니라 그 힘을 묻는 것이기 때문이다. 그때 그때의 완벽한 감정은 생산적이 될 수 있다. 뻔뻔함과 수치심, 평범함과 강한 성격, 악과 선, 도덕과 부도덕도 매한가지로 생산적이 될 수 있는 것이다. 영속성을 위해서는 영혼의 형식이 결정적인 것이 아니라, 인간으로서의 풍부함이 결정적인 것이다. 오직 내포적인 힘만이 영속성에 도달할 수 있다. 한 인간이 강하고 힘차게, 통일적이면서도 일회적으로 삶을 살아가면 갈수록, 그는 더욱 완벽하게 자태를 드러낸다. 영원불멸이란 도덕적 품행이나 선과 악에 대해서는 전혀 알지 못하기 때문이다. 작품과 강도만이 거기에 도달하기 위한 잣대가 된다. 영원불멸은 인간의 순수성이 아니라 통일성, 초지일관된 범례와 형태를 요구한다. 이를 위해 도덕은 아무것도 아니며, 내포적인 힘만이 전부인 것이다.

카사노바